JARDINS DE
LONGÉVITÉ

PIERRE ET SUSANNE RAMBACH

JARDINS DE LONGÉVITÉ

CHINE   JAPON

L'art des dresseurs de pierres

SKIRA

ISBN 2-605-00081-8

TABLE DES MATIÈRES

LES PIERRES

Suzhou – Jardin du Maître des Filets de Pêche (Wangshiyuan).

L'art des dresseurs de pierres

Suzhou – Jardin du Maître des Filets de Pêche.
Vue d'ensemble de la cour Nord-Ouest devant le Pavillon de la
fin du Printemps. Cette cour a été reconstituée à l'Astor Court.
Détail p. 9

L'art des dresseurs de pierres a fait une entrée officielle dans les musées au printemps de l'année 1981 lorsqu'une nouvelle salle, l'Astor Court, fut aménagée en jardin, afin de créer un lieu de détente non conventionnel dans le cadre du Metropolitan Museum of Art de New York et de mettre en valeur une collection de meubles de la dynastie Ming. Les pierres dressées dans cet espace provenaient de la région de Suzhou et furent mises en place par les spécialistes chinois de restauration de jardins.

Cette reconnaissance d'un art souvent considéré comme mineur par les historiens d'art occidentaux – ils en font à peine mention – ne signifie pas pour autant qu'il soit, aujourd'hui encore, reconnu comme art à part entière au même titre que l'architecture, la peinture ou la sculpture, alors que, nous le verrons au cours de cet ouvrage, il fut à certaines époques un des moyens privilégiés d'expression des créateurs, tant en Chine qu'au Japon.

C'est sans doute parce qu'en Chine cet art resta le plus longtemps d'actualité que les compositions de pierres aujourd'hui visibles ne sont pas très anciennes, ayant au cours des âges été refaites ou transformées par les propriétaires successifs des jardins de résidences ou de palais.

Nous savons par exemple que le Jardin du Maître des Filets de Pêche (Wangshiyuan) de Suzhou, édifié au XIIe siècle, dont une petite partie a été reconstituée dans l'Astor Court, était en ruine au XVe siècle, puis complètement refait à la fin du XVIIIe siècle et encore remanié tout au long des XIXe et XXe siècles.

Au Japon, par contre, de nombreuses compositions de pierres réalisées entre les XIVe et XVIIe siècles, non pas dans les résidences privées mais dans des monastères bouddhistes, étaient souvent l'œuvre des abbés fondateurs ou de grands artistes qui y séjournaient; elles furent considérées comme des messages, des enseignements auxquels toute altération risquait de modifier le sens. Elles furent donc soigneusement entretenues dans leur forme initiale jusqu'au début du XXe siècle. A partir de la révolution de Meiji en 1868, les Japonais, pour être à même d'assimiler les technologies de l'Occident,

Compositions de Mirei Shigemori.

1 Kyôto – Monastère zen du Daitoku-ji. 1961.
Mont Horai devant le pavillon de thé du Zuiho-in.

2 Château de Kishiwada (Préfecture d'Osaka). 1953.
Les groupes de pierres représentent les généraux
entourés de leur état-major.

3 Kyôto – Jardin du Monastère zen du Tôfuku-ji. 1938-1939.

se mirent à étudier des formes d'expression étrangères à leur culture. Les arts traditionnels, déjà passablement sclérosés, tombaient en décadence par manque total d'intérêt. Dans les années cinquante encore, les professeurs de l'école des paysagistes de Tôkyô donnaient comme exemple de jardins les parcs publics des grandes villes d'Allemagne. Quant à l'art des compositions de pierres, il serait tombé dans un oubli presque total si un homme, Mirei Shigemori, né en 1896, ne s'était juré, vers 1920, de le faire renaître. Avant sa trentième année, il avait parcouru tout son pays à la recherche des jardins anciens et terminé la publication de leurs relevés en 27 volumes. Puis il commença la restauration des jardins à l'abandon des monastères de Kyôto. Dans les années 1938-1939, il réalisait les compositions de pierres du monastère zen du Tôfuku-ji, dans la plus pure tradition du Zen; en 1961, celle d'un jardin d'un pavillon de thé du monastère du Zuiho-in, dans le complexe du Daitoku-ji de Kyôto. Il renouvela l'art des dresseurs de pierres en l'adaptant à des programmes contemporains, comme au château de Kishiwada. Dans cette même période, de grands architectes intégraient des compositions de pierres à leurs bâtiments modernes, comme Kenzô Tange pour l'Hôtel de Ville de Takamatsu; ou comme Tom Hatashita, canadien d'origine japonaise qui, après avoir étudié cinq ans avec Mirei Shigemori, fit des jardins en Inde, à Paris et au Zaïre avant de retourner travailler à Toronto. Mais aussi des sculpteurs comme Isamu Noguchi, américano-japonais né en 1904, réalisant au Japon, à Paris (pour le Palais de l'UNESCO), à New York (pour la Chase Manhattan Bank) des jardins ou des compositions de pierres.

Ainsi, grâce aux recherches de quelques artistes isolés, l'art millénaire des dresseurs de pierres semble, après une période de déclin, redevenir un moyen d'expression d'artistes de culture japonaise.

En Chine, la plupart des jardins ont mal vécu les profondes transformations de la société depuis la fin du XIXe siècle. Le temps des urgences s'estompant, celui de leur réhabilitation revient. D'année en année le nombre de jardins fidèlement restaurés augmente. Mais dans le même temps, des compositions de pierres originales, dans le sens qu'elles ne copient plus les modèles anciens mais s'inspirent plus directement aux sources les plus profondes de la culture chinoise, commencent à voir le jour. Les compositions de pierres sont passées du jardin du lettré ou de l'empereur au domaine public; on les trouve parfois dans de nouveaux jardins publics, devant les bâtiments administratifs ou dans les jardins des hôtels, hôtels qui ne sont pas toujours destinés à une clientèle étrangère. Et il est réconfortant de voir que la fascination que les Chinois ont, dans le passé, éprouvée pour les pierres n'est pas près de s'éteindre. Mais lorsque nous avons demandé à M. Chen Congzhou, professeur d'histoire de l'architecture à l'Université Tongji de Shanghai – et aujourd'hui le plus grand spécialiste du jardin chinois – si, comme au Japon, des artistes contemporains s'exprimaient également par les compositions de pierres, il répondit avec trop de modestie pour que nous puissions le croire complètement que «le moment n'était pas encore venu de rechercher des expressions nouvelles; qu'il convenait tout d'abord de concentrer toutes les énergies à l'étude et à la restauration des œuvres du passé».

A travers le temps, ce qu'il avait dit n'était que l'écho d'un précepte que nous connaissions, l'auteur du Sakutei-ki commençait ainsi son traité:

«Quand vous dressez des pierres... vous devez étudier l'art ancien traditionnel du jardin en allant voir les meilleurs exemples.»

Takamatsu (île de Shikoku) – Composition de l'architecte Kenzô Tange pour l'Hôtel de Ville.

Suzhou – Composition moderne dans le jardin d'un hôtel.

Pékin – Composition réalisée en 1984 devant l'hôtel Qiaoyuan.

Pékin – Pierres dressées le long d'une contre-allée de l'avenue Chang'an.

Pékin, Parc du Beihai – Aménagement contemporain à l'extérieur de l'ancienne Retraite de la Barque Peinte (Huafangzhai).

Les Jardins de Longévité

Le Sakutei-ki (notes sur la fabrication des jardins), connu aussi sous le nom de Zen sai hisho (résumé des secrets sur la construction des jardins), est un rouleau calligraphié datant de la fin du XIIe siècle. Son auteur présumé, Yoshitsune Gokyôhoko, mort en 1206, aurait repris certains éléments d'un ouvrage rédigé en 1040 et attribué à Yoshitsuna Tachibana. C'est à ce jour le plus ancien traité sur la fabrication des jardins.

Comme tous les ouvrages professionnels, le Sakutei-ki paraît hermétique au non-initié, c'est pourquoi, au Japon, il n'est encore aujourd'hui connu que des spécialistes de jardins ; la transmission orale des connaissances dans un enseignement de maîtres à disciples resta une règle générale dans de nombreux domaines jusqu'au XIXe siècle. Dans le cas des jardins, comme nous le verrons, l'implantation étant en relation avec l'équilibre cosmique, la divulgation des connaissances devait s'entourer de précautions particulières. Le Sakutei-ki était donc un ouvrage secret destiné à rappeler aux maîtres de jardins confirmés des traditions déjà anciennes (et qui peut-être se perdaient). Il nous est apparu aussi, au cours de notre travail, comme un témoignage de l'orientation nouvelle qui se dessinait par rapport à l'archétype chinois.

Notre tentative, en rédigeant *Le Livre secret des Jardins japonais* (publié en 1973), fut alors, par une exégèse d'un texte, de mettre à jour les éléments de cette «théorie générale des jardins» à laquelle l'auteur faisait allusion dès la première phrase de son manuscrit sans l'expliciter.

«Quand vous dressez des pierres, vous devez vous souvenir de la théorie générale des jardins.»

Inversant la proposition, le sens devient : un jardin qui ne contiendrait pas de pierres n'aurait pas le nom de jardin. Ainsi pouvait-on comprendre que l'essentiel du Traité allait porter sur les règles du choix et de la composition des pierres.

C'est dans son dernier chapitre consacré à l'art de planter et les sources, qu'apparaissaient enfin, et de manière allusive, les éléments de cette théorie, c'est-à-dire de la finalité du jardin :

- Recréer symboliquement un environnement idéal dans lequel l'homme puisse s'insérer et vivre heureux.
- Etre une vision de la « Terre Pure » du Bouddha Amida, de l'unité cosmique de celui qui est parvenu à l'Eveil.
- Permettre à l'homme, en servant de support à sa méditation, de progresser sur la voie de la recherche spirituelle qui conduit à l'Eveil.
- Faciliter la descente des Esprits tutélaires.
- Etre l'image condensée du Japon identifié aux « Iles des Immortels » de la tradition chinoise.
- Provoquer une émotion esthétique par la recréation d'un «espace-Japon» peuplé de divinités où puisse être célébré un culte à la beauté du monde.

Tels que ces buts apparaissaient, rien ne permettait de les classer dans un ordre d'importance hiérarchique, chacun d'eux était primordial, comptait seul l'ensemble qu'ils formaient. Bien que, par l'insistance que l'auteur mettait à nommer le Japon, trois de ces buts nous fussent apparus comme spécifiquement autochtones, mais par certaines transparences ils pouvaient être également reliés à une origine chinoise. La seconde partie de cet ouvrage sera précisément consacrée à la manière dont cette origine fut, en quelque sorte, détournée afin de pouvoir s'adapter à un autre contexte.

La mise entre parenthèses de l'entité Japon une fois faite, il devient possible de saisir, qu'ils soient clairement exprimés ou plus souvent sous-jacents, les mêmes buts dans les jardins de la Chine. Et chacun d'eux nous apparut comme une sextuple répétiton d'une recherche unique : celle de la LONGÉVITÉ, physique et spirituelle, qu'elle soit individuelle ou collective ; et que le jardin pouvait être un moyen parmi d'autres d'y accéder.

Pékin, Cité Interdite – Jardin du Palais de la Longévité Tranquille (Ningshougong).

14

Pékin
Yangzhou
Suzhou

Si au Japon les jardins sont, dans une proportion de plus de 80%, concentrés dans la région de Kyôto qui demeura capitale impériale et principal centre culturel et politique jusqu'en 1868, soit pendant plus de mille ans, en Chine les capitales ne cessèrent de se déplacer au gré des changements dynastiques. En de nombreux sites il y eut constructions puis abandons de palais impériaux, de résidences aristocratiques, et dans ce sillage, de demeures de lettrés fonctionnaires.

Pour le voyageur de cette fin du XXᵉ siècle désireux de contempler les Jardins de Longévité et qui s'étonnerait qu'un vol de 1500 kilomètres sépare les deux principaux centres de leur concentration, c'est-à-dire Pékin, Yangzhou et la région de Suzhou, nous ne donnerons que de très brefs, et donc très simplistes aperçus qu'en curieux il pourra compléter par la consultation d'autres ouvrages. Cependant, afin qu'il ne se perde pas dans l'espace et dans le temps de l'immensité chinoise, dans la succession des dynasties comme dans les périodes de l'histoire japonaise, nous mettons à sa disposition un signet, fragile fil d'Ariane qui, nous le souhaitons, évitera de trop lourdes précisions historiques dans notre propos.

Alors qu'en règle générale les capitales centralisaient les pouvoirs politiques et culturels, lorsque Pékin devint capitale impériale à partir de 1420, un divorce s'établit entre la cour et l'ensemble de l'élite des lettrés qui resta concentrée plus au Sud. Les Jardins de Longévité aujourd'hui visibles à Pékin sont principalement ceux que les empereurs édifièrent.

La fondation des villes de Yangzhou et de Suzhou remonte au Vᵉ siècle avant notre ère, du temps de Confucius et de Laozi; à cette époque déjà existait un canal de liaison préfigurant le Grand Canal creusé au VIᵉ siècle de notre ère. Plus tard, tout au long du règne des Sui, fut construit un réseau de voies navigables formé de canaux et de rivières aménagées reliant les vallées du Huanghe (Fleuve Jaune) et de la Wei à celle du Jiangzi (Fleuve Bleu) dans son cours inférieur jusqu'à Yangzhou.

Point de départ du Grand Canal, le Yangzhou de l'époque des Tang était un important port de mer pour les navires en partance vers la Corée, le Japon, Canton et l'Inde. De là, en 753, s'embarqua le moine Jianzhen, que les Japonais nomment Ganjin; lui et ses compagnons emportaient vers le Japon, outre trois mille reliques bouddhiques, les connaissances de la Chine des Tang en matière d'architecture et de compositions de pierres.

En 838 débarquait à Yangzhou le moine japonais Ennin; dans le récit de son long voyage il recense, dans cette ville, la présence de quarante monastères bouddhistes. Marco Polo, au service de Qubilai de 1275 à 1291, fut chargé pendant trois ans de l'administration de cette cité commerçante. Un an après l'écroulement de la dynastie Ming, en 1645, la population fut exterminée par les troupes mandchoues, mais la cité se relève rapidement et redevient prospère, c'est alors l'un des principaux centres culturels, les négociants enrichis par le commerce du sel se font construire de somptueuses résidences ou rachètent les demeures des lettrés; ils entretiennent de nombreux artistes dont le peintre Shitao (connu aussi sous le nom de Daozi) auteur d'un traité: *Les Propos sur la peinture du moine Citrouille-amère*. On a retrouvé il y a quelques années un jardin qu'il a construit dans cette ville. Autrefois plaque tournante très importante, Yangzhou, qui eut à subir de 1857 à 1863 la rébellion des Taiping, est aujourd'hui une modeste ville de province avec sa population de 370000 habitants. De sa splendeur passée subsistent de très remarquables compositions de pierres, principalement dans les jardins de résidences tels que Geyuan, Heyuan, Xiaopangu ainsi que dans le monastère bouddhique Daming.

Suzhou, située à l'ouest de Shanghai, est beaucoup plus connue que Yangzhou, c'est par excellence la ville des *jardins de lettrés* dont l'origine est très ancienne; des spécialistes font remonter la création de certains d'entre eux au Xᵉ siècle, mais ceux que l'on peut voir maintenant ne sont guère, dans leur forme actuelle, antérieurs au XVIᵉ siècle. Sur les deux cents jardins répertoriés en 1949, seuls neuf sont maintenant complètement restaurés et

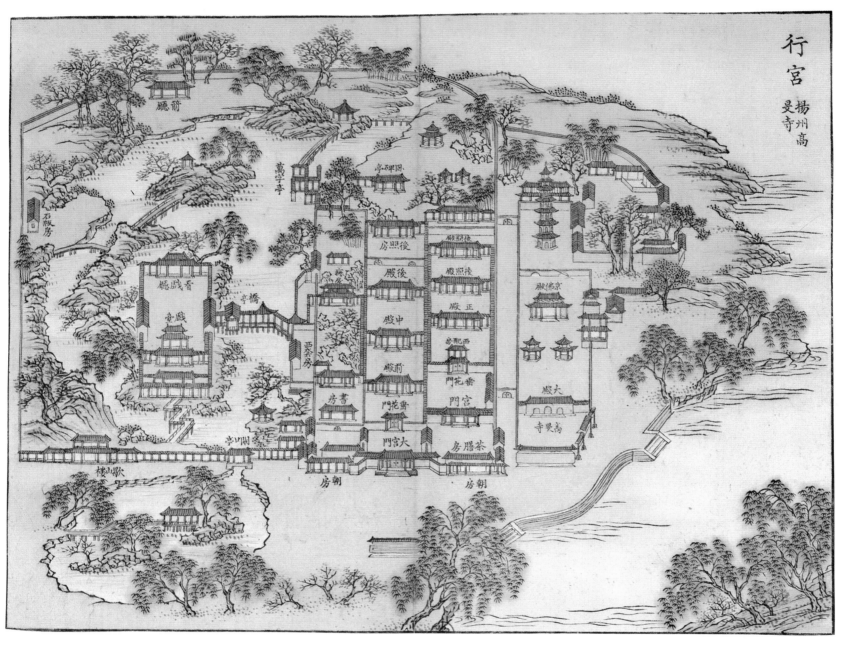

Anonyme (XVIIIᵉ siècle). Monastère du Temple de la Grande Lumière (Daming si) de Yangzhou dont le moine Jianzhen fut le premier abbé au VIIIᵉ siècle. Planche de l'album *Palais de l'Empereur distribués sur la route de Pékin à Suzhou, à six ou sept lieues les uns des autres.*

ouverts au public: ce sont les plus importants. Par d'anciens documents, nous savons que la structure de la partie ancienne de la ville a peu changé depuis le VIᵉ siècle avant notre ère, lorsqu'elle était la capitale du pays de Wu.

En 1127, la capitale des Song fut transférée de Bianliang (Kaifeng) à Lin'an (Hangzhou). Avec la famille impériale, c'est toute la prestigieuse culture de la vallée du Huanghe qui se déplaçait à proximité immédiate de Suzhou qui allait alors devenir le lieu

de résidence privilégié des administrateurs, des nobles et des lettrés de la nouvelle capitale. La visitant en 1275, Marco Polo la compara, peut-être avec une certaine nostalgie, à Venise. Il y retrouvait les mêmes ponts en dos d'âne qui enjambent les canaux quadrillant la cité, et sans doute aussi une atmosphère très raffinée.

C'est du lac Tai, une très ancienne mer dont les eaux sont devenues douces, à proximité de Suzhou, que furent extraites des étranges roches claires ou

17

Pékin, Palais d'Eté (Yiheyuan) au Nord-Ouest de la capitale.

blanches, aux formes arrondies et contournées, percées de trous, que l'on retrouve dans toutes les compositions de pierres des jardins de la cité. Pierres étranges en vérité, pierres-messages desquelles il faut connaître la valeur pour comprendre la fascination qu'elles ont exercée sur tant de générations. Nous les retrouvons dans les jardins de la Cité Interdite, du Beihai et du Palais d'Eté de Pékin, acheminées par canaux depuis le lac Tai. Les empereurs, et particulièrement ceux de la dynastie Ming, ne cessèrent d'envoyer des émissaires vers le Sud à la recherche des plus beaux spécimens, et certaines d'entre ces pierres furent «empruntées» aux jardins de Suzhou.

▷△ Pékin, Cité Interdite – Pierre du lac Tai.

De nombreuses pierres extraites du lac Tai qui ornaient les jardins de Suzhou furent rapportées pour l'empereur Qianlong et furent disposées dans les jardins du Palais d'Eté, sur la rive Nord du lac Kunming ou dans ceux de la Cité Interdite.

Destruction et continuité

Une fois établis les fondements de la pensée, au XVIᵉ siècle avant notre ère, avec l'invention de l'écriture, la fixation de la culture a pu se poursuivre jusqu'à nos jours à travers une histoire tumultueuse faite de périodes florissantes et de destructions, ou autodestructions, brutales. Aucune civilisation n'a été à ce point consciente de sa pérennité et constante dans sa philosophie. Ainsi, chaque conquête territoriale des tribus de cavaliers «barbares» venus des steppes de l'Ouest et du Nord s'est soldée par l'assimilation des envahisseurs qui, séduits par le raffinement de cette culture, n'eurent d'autres soucis que de l'adopter et de la développer. Des changements de régimes ou de gouvernements qui eurent des conséquences irréversibles pour d'autres civilisations, n'entamèrent jamais réellement l'ordre chinois. Même draconiennes, purges et destructions ne furent jamais totales: on exilait, les mettant à l'abri dans de lointaines provinces, certains documents que des émissaires allaient rechercher lorsque la situation s'était stabilisée. Tradition restée vivante: en 1976 lorsque la ville de Tangshan fut anéantie par un tremblement de terre, les sauveteurs découvrirent dans les doubles murs des maisons de nombreux écrits proscrits durant la vague destructrice de la Révolution Culturelle.

«Le premier empereur Shiko donna l'ordre d'enterrer tous les livres et tous les lettrés, mais il mit de côté le livre sur l'art de planter» avait écrit l'auteur japonais du Sakutei-ki. Il faisait allusion à «l'incendie des livres» ordonné en 213 avant notre ère par Shi Huang di. D'autres sources moins restrictives indiquent que l'empereur ordonna de mettre à feu tous les livres à l'exception des traités de médecine, d'agriculture et de divination. Mais lorsque notre auteur réduit ainsi à l'art de planter la sauvegarde des livres, nous ne pensons pas pour autant qu'il fasse fausse route, les jardins ayant eu, dès l'origine, entre autres, des buts magiques et propitiatoires.

Planche du *Manuel de peinture du jardin pas plus gros qu'un grain de moutarde* de Wang Gai. 1679.

Longévité et Souffle Vital

«Longévité» doit être pris au sens d'entretien de l'état de jeunesse et non prolongement de l'âge dans la vieillesse.

A l'époque de Laozi déjà était oubliée et dépassée la notion archaïque de l'apparition de l'Homme due au «coup de baguette magique» d'un Créateur extra-terrestre sur une terre faite pour l'accueillir; une vision panthéiste du monde poussait l'homme à ne plus chercher hors de la nature, dont il faisait partie intégrante, l'origine des pulsations qui l'animaient. Ainsi le fait de considérer l'Univers dans son ensemble comme un organisme vivant avait conduit naturellement les Chinois à ne pas dissocier cieux, terres et eaux mêlés, l'Esprit de la Matière;

à ne pas établir de différences entre l'animé et l'inanimé. Pour atteindre à la longévité, l'homme se mit à l'écoute de cet Univers pour en saisir les lois d'équilibre, qu'il qualifia *Yin* et *Yang*, et chercha à sentir les pulsations des courants sillonnant le ciel et la terre qu'il lui fallait définir et qu'il définit par le signe 氣 (Qi) dont il sera de très nombreuses fois fait mention dans cet ouvrage sous le vocable: *Souffle Vital*. Pour accéder à la longévité il faudra donc maintenir en soi le plus longtemps possible, et dans les meilleures conditions de fonctionnement, le principe de vie, ce *Souffle Vital* qui parut, dès la plus haute antiquité aux philosophes de même nature dans toutes les manifestations de l'Univers. A l'origine le signe 气 est la représentation d'une vapeur, auquel on ajouta plus tard le sème des grains de riz 米 comme symbole de matérialité et d'énergie, en opposition au souffle de l'haleine; il devient alors un signe dont voici quelques-unes des acceptions: vapeur/exhalaison/gaz/fluide... mais également esprit/vie qui anime le corps humain/esprits vitaux/humeurs... C'est aussi un élément de matérialité qui entre dans la composition de toutes choses, en conjugaison avec l'élément 理 (li), le principe d'ordre.

Souffle on ne peut plus vital, il suit dans le corps de l'homme de précis trajets (ignorés encore souvent de la médecine occidentale puisqu'ils ne correspondent ni au système vasculaire, ni au système nerveux) que l'acupuncteur pointe dans ses soins.

Souffle on ne peut plus cosmique, issu à la fois du ciel et des profondeurs de la terre. Il circule dans la nature entière avec une intensité variable; les traces qu'il laisse, d'une manière plus ou moins perceptible dans la matière, semblent avoir, depuis les premiers âges, fasciné les Chinois qui se sont appliqués à rechercher les lieux de sa plus forte concentration afin de s'en imprégner; comme ils ont également cherché à le concrétiser en des décors symboliques sur les objets qu'ils façonnaient, conscients qu'une matière manufacturée n'est pas à la base une matière inerte.

Pékin, Cité Interdite – Jardin impérial (Yuhuayuan)
édifié sous les Ming. Tronc d'un cyprès.
Certains des arbres de ce jardin sont, dit-on,
contemporains de sa construction.

« Il y a des jeunes gens, des adultes, des vieillards, des handicapés et des gens valides, toutes les catégories socioprofessionnelles se mêlent dans un anonymat un peu complice. Les plus fascinants de ces personnages sont peut-être ceux qui ne font rien, immobiles comme des arbres ou des pierres, comme des pommes dans un tableau de Cézanne. Dans la pénombre d'un bosquet, ils se confondent parfois avec les arbres, en situation d'osmose pour ainsi dire, comme des éléments intrinsèques du paysage. Immobiles, ils sont également inoccupés: ils s'exercent, dirait-on, à arrêter le temps, sans même faire semblant de méditer ou de sommeiller pour se donner une contenance illusoire: le regard est absent et présent à la fois; ils semblent voir sans regarder. »
(Jean-Marie Simonet)

Pékin, Parc du Beihai – Dépendance non restaurée du Jardin de l'Ermitage du Cœur Tranquille (Jingxinzhai).

En son jardin, son domaine privé de longévité, l'homme chinois fait en sorte que soient visibles ou lisibles les traces du passage des énergies vitales, tout autant dans la composition des éléments naturels : l'eau, la pierre, la végétation, que dans les éléments fabriqués : pavillons, murs et ponts, socles et lattis. Ainsi l'homme en son jardin pourra se régénérer par les émanations d'énergies des éléments qui l'entourent. C'est à la découverte, ou à la croyance, que certaines pierres aux formes particulièrement contournées sont les réceptrices-émettrices privilégiées du précieux *Souffle Vital* que nous attribuons la passion quasi obsessionnelle que les Chinois leur portent et qui les font toujours figurer en leurs jardins. Pour atteindre à la longévité l'homme devra veiller à maintenir son jardin en bon état de fonctionnement par des soins constants. Lorsque la croissance des arbres n'est plus contrôlée, que l'eau qui le parcourt est tarie, que les pierres se sont descellées, effondrées, le jardin meurt, et l'homme ne pourra plus profiter de ses bienfaits.

Gravure sur bois d'après une peinture de Qian Gu.
Planche du *Xixiangji* paru pendant
l'ère Wanli des Ming. Entre 1573 et 1619.

22

Suzhou – Jardin de la Promenade Nonchalante (Liuyuan).
Rocher dit Le piton où se cachent les nuages (Xiuyunfeng) (voir p. 149).

Souffle Vital et œuvres d'art

Ici, un homme en son jardin, personnage de haute condition, la légende précise que c'est un collectionneur. Confortablement installé sur un fauteuil tels ceux que l'on peut voir encore aujourd'hui dans les résidences des jardins de Suzhou (p. 27), il a demandé à ses serviteurs de lui apporter ses trésors et se livre à leur contemplation. Il expose pour le peintre et pour les spectateurs des générations futures à la fois ses richesses et l'éclectisme de ses goûts: vases tripodes de l'époque du bronze, brûle-parfum, quelques statues, des céramiques... tous objets dans lesquels semble flamboyer, irradier l'énergie de la matière; un serviteur va dérouler devant ses yeux une peinture... Il est en son jardin, sur une terrasse qui semble dominer un plan d'eau, prolongement d'un paysage devenu vide et dont il s'est isolé, peut-être même protégé. Dans la partie de droite, c'est à l'abri d'un paravent à décor de montagnes que deux jeunes filles s'affairent à sortir le *qin*, cithare à sept cordes de soie, l'instrument de musique préféré du lettré, et sur la table s'entassent des boîtes contenant des rouleaux, peintures ou calligraphies, qui seront plus tard regardés, à moins que... le peintre a montré l'accumulation mais non le déroulement.

Derrière l'homme, on a disposé un écran, une autre parade contre le vide; l'écran devient cache, encadré de motifs sculptés dans le bois, et ces motifs sont des stéréotypes de nuages, il repose sur un lourd piétement. Nuages accrochés, retenus donc. Le décor de l'écran est intéressant, c'est sans doute encore une peinture, une évocation de vagues et d'éclaboussures de brumes. Et cela encore tourbillonne.

Près de l'écran qu'il ne regarde pas mais qui semble l'irradier, se trouve un arbre qu'on a voulu, par un savant travail de taillage, faire paraître pour le moins centenaire; dans les nodosités du tronc et des branches ainsi les traces du passage des énergies vitales sont imprimées.

En Chine art et nature n'ont jamais été opposés. Une pierre, par le fait d'avoir été ramassée par un lettré, transportée chez lui, disposée dans son jardin ou posée sur un socle, devient une œuvre d'art, de même qu'un arbuste dont la croissance a été continuellement contrôlée par un esthète. Le penjing *— connu en Occident sous le nom japonais de* bonsai *— était déjà considéré à la cour des Tang, il y a douze siècles, comme un art à part entière au même titre que la peinture ou la calligraphie. Comme tous les arts, le* penjing *a un rôle magique: il permet, en miniaturisant un arbre, de concentrer toutes les énergies bénéfiques qu'il contient.*

Suzhou – *Penjing* dans le Jardin de la Politique des Simples (Zhuozhengyuan).

Attribué à Du Jin, des Ming (seconde moitié du XVᵉ siècle).
La contemplation des antiquités. Rouleau sur soie.

Le thème du lettré admirant une antiquité (wangu)
s'appelle également bowu *qui signifie examiner, étudier*
les antiquités. Cette discipline était pour les lettrés une
manière d'exprimer leur attachement au rituel des
anciens.

Dans cet espace refermé, il fait face à une pierre, vers laquelle le regard de tous les autres personnages semble également converger. Ancrée sur le piétement d'un rocher plat, elle exprime la tension des énergies dans ses formes, semblable à celles de la peinture de l'écran.

L'arbre et la pierre disent que la scène se déroule dans un jardin. Ils sont les éléments stables, les autres sont mobiles, transportables, apportés depuis la résidence.

Sur cette peinture d'un style archaïsant (voir légende), c'est précisément l'aspect «scène de genre» qu'il est intéressant d'observer: on y découvre le besoin de la présence de la montagne, géographiquement plus lointaine que proche de la résidence urbaine; elle semble un indispensable paysage pour l'homme qui lui demande de lui transmettre un peu de l'énergie qu'elle supporte. Il l'a mise en son jardin sous la forme d'une pierre qui n'exprime pas sa masse mais au contraire les courants internes qui la parcourent; il l'apporte en son jardin sous forme de peintures: montagnes comme un résumé de nature.

Peintures, objets et jardin expriment également des principes *Yin/Yang*, les représentations du *Souffle Vital* issu de la matière qui rayonne sur l'esprit de l'homme.

25

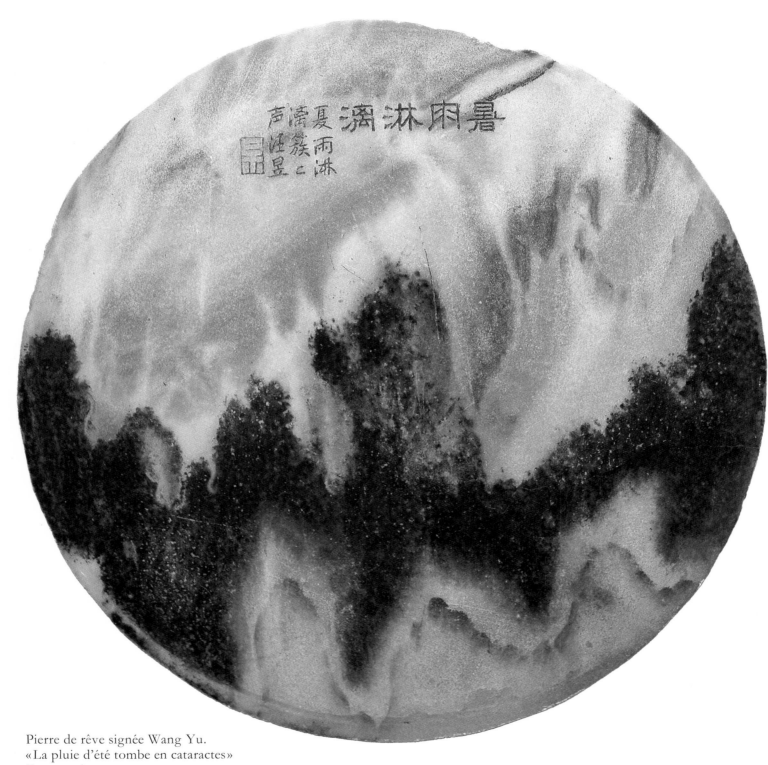

Pierre de rêve signée Wang Yu.
« La pluie d'été tombe en cataractes »
En sous-titre :
« La pluie d'été tombe en murmurant »

Pierres de rêve et Souffle Vital

Entrer dans les Jardins de Longévité par la contemplation des pierres de rêve, représentation en deux dimensions qui ne sont pas sans évoquer les calligraphies inspirées des maîtres chinois ou japonais, peut être une manière de partir du connu, de notre connu. Les contempler c'est comme entendre la voix projetée sur l'autre versant de la montagne, devenue écho avant d'avoir été perçue; comme regarder le reflet tremblé dans le miroir avant d'avoir vu le modèle; comme tenir entre ses mains la goutte de nectar, la perle, avant que l'alambic ne l'ait distillée. Les contempler, c'est également contempler la réalité ultime de l'Univers dans l'évocation de ses mouvements d'énergie qui constituent le Tao.

Et pour nous, entrer dans les Jardins de Longévité par cette voie sera pénétrer dans la cosmogonie chinoise présente à tous les niveaux de la culture depuis les origines de cette civilisation.

Contemplant les pierres de rêve, tout pénétrés qu'ils étaient de la philosophie taoïste, les Chinois retrouvaient dans les tourbillons pétrifiés de leurs marbrures une expression parfaite du *Souffle Vital* et les identifiaient à la montagne générique; et elles s'identifient si exactement à la montagne dont elles reproduisent les découpes escarpées, les sources jaillissantes aussi bien que les bancs de brume, qu'elles en paraissent plus qu'une émanation: un concentré. On dit de certaines qu'elles évoquent d'une façon presque réaliste les paysages montagneux du célèbre site de Guilin...

Extraites des carrières de marbre des hauts plateaux du Yunnan, lointaine région du sud-ouest aux confins de la Birmanie et du Viêt-Nam, voisine des puissants Himalayas, ces plaques révèlent dans leurs marbrures les traces des alliances minérales d'un pur calcaire avec des couches sédimentaires argileuses mêlées de matières organiques ou d'oxydes de fer que le calcaire recristallisa. Ainsi gardent-elles, inscrite en elles, l'expression des formidables énergies telluriques qui firent émerger les plissements montagneux.

N'était-elle pas étrange cette recherche d'un *Souffle Vital* en des lieux si lointains? On peut supposer, en se penchant sur le destin de la province du Yunnan, que ces plaques de marbre furent à l'origine extraites afin d'orner les mosquées et les riches demeures des Musulmans qui occupèrent cette ré-

gion vers le XIIe siècle. L'influence musulmane entrait en Chine: c'était à un Musulman que les Mongols avaient confié la construction de leur palais de Pékin au XIIIe siècle; et souvenons-nous des marqueteries marmoréennes de la Sainte-Sophie de Constantinople ou de la Mosquée d'Omar à Jérusalem... Mais il faut croire que les Chinois lurent dans ces décors d'autres signes, des signes qui les touchaient profondément, et que peut-être ainsi, ils créèrent ces pierres de rêve.

Pierres de rêve. On les nomme parfois pierres de voyage: d'un voyage pour artistes et esthètes à travers la cosmogonie taoïste, comme un voyage en soi-même, selon des lois identiques.

Les pierres de rêve sont des accessoires des Jardins de Longévité. On les trouve soit encadrées et accrochées aux murs des pavillons, soit incrustées dans le dossier des lourds fauteuils. Leur rôle d'émetteurs d'énergies bénéfiques ne fait pas de doute. Avec les peintures sur paravents ou sur rouleaux, elles faisaient partie des éléments mobiliers de la résidence et – pierres de voyage dans ce sens aussi – sans doute accompagnaient-elles le lettré lors de ses changements de résidences.

Suzhou – Résidence du Jardin du Maître des Filets de Pêche. Pierre de rêve montée sur un dossier de fauteuil.

Suzhou – Résidence du Jardin du Maître des Filets de Pêche.
Pierres de rêve actuellement suspendues aux murs de la salle
de réception, à l'origine montées sur des écrans.

29

Au premier abord égaré devant ces pierres élevées au rang d'œuvres d'art, le regard occidental peut tenter de se raccrocher à certaines de ses valeurs: telle composition lui évoquera une sculpture d'Henry Moore, une autre un groupe de Rodin. Certaines le fascineront par leur aspect zoomorphe ou même anthropomorphe; et l'ami, ou le guide, désignant comme «pierre-lion», «pierre-tigre» ou «pierre-dragon», ces pierres aux circonvolutions extravagantes, ne fera que renforcer cette lecture du premier degré des apparences qui sont par essence des images de l'Univers dans sa globalité. Il serait en effet bien surprenant que le mentor exprimât devant elles les grands principes du *Yin* et du *Yang*, les pulsations de la Terre, les parcours du *Souffle Vital*. Notions sous-entendues, car ces pierres furent choisies (et le sont-elles toujours?) pour leur capacité à exprimer l'un des aspects de l'Univers, mais sans exclusion des autres.

Pékin – Jardin du Palais d'Eté.

LES PIERRES ET L'EMPEREUR

Anonyme, des Song. La balustrade brisée. Détail d'un rouleau sur soie.

L'impérial parcours

Pékin, Cité Interdite – Grand escalier conduisant au Pavillon
de la Préservation de l'Harmonie (Baohe dian).

Arrivait-il parfois à l'Empereur, Fils du Ciel, de fouler le sol de Ses Augustes Pieds? Parfois certes, lorsque dans son champ, il fendait symboliquement la terre afin que les graines célestes la fécondassent, les autres occasions étaient plus rares en dehors des zones intimes...

Dans la Cité Interdite, les espaces qui relient entre eux les pavillons officiels ou séparent les résidences plus privées (les uns comme les autres ne sont jamais de plain-pied mais toujours surélevés) sont des plages pavées, sortes de mers ou de déserts, desquelles émergent les bâtiments impériaux que dignitaires et domestiques abordent par des escaliers mais que le Fils du Ciel ne franchit jamais autrement que flottant au-dessus de rampes flanquées de degrés, dans le survolement de mythiques contrées. Ces rampes, de plus ou moins bonne facture d'ailleurs, portent toutes la même emblématique gravée: dragons fulgurants, eaux et terres en mouvance, perles cosmiques; tous les éléments réunis d'une fantastique création.

Petits ou graves détails: ainsi le choix de cette rampe ne nous permettait pas d'écrire que l'Empereur la survolait pour participer aux rites des temples de la Suprême Harmonie, de l'Harmonie Complète et du Maintien de l'Harmonie, car elle marque, suivant l'ordre immuable, la fin du Parcours Impérial, lorsqu'il avait quitté les suprêmes hauteurs et que sous sa personne se redéployait un instant de l'histoire de l'univers.

C'était d'abord les dragons en volutes, en d'impaires compositions: le jeu des trois et des cinq qui se marient par le dragon central, celui qui crache la perle. Et son corps s'étendant infiniment. «Il» reprend pied par les sommets des cinq montagnes coniques qui figurent la Terre. Cinq points cardinaux dont nous savons que le plus élevé marque le centre, c'est-à-dire le pivot des quatre autres, ceux qui nous sont familiers. Cette terre sur laquelle «Il» reprend pied, émerge encore – ou toujours – de la mer, matrice des bouillonnements d'une création instabilisée qui elle-même s'appuie sur des nuées encore célestes.

Fin d'un impérial parcours interdit aujourd'hui à quiconque; mais pourrait-on imaginer qu'un nouveau Fils du Ciel les survolât? Si courtoises sont les pancartes: «Ayez soin des pierres placées sous votre protection», les barrières sont dissuasives.

Pékin, Cité Interdite – Terrasse du Palais de la Pure Récolte (Zhongcui bao). La montagne axiale et ses satellites sur le socle d'une grue en bronze.

Les pierres-axe du monde

Des cinq montagnes, celle du centre, la plus élevée, marquait le point d'envol et de retour parmi les hommes, des Empereurs, lors des déplacements rituels; en d'autres occasions, les Fils du Ciel, sur leurs trônes situés face au Sud, s'abreuvaient aux forces *Yang*, on les identifiait à la Grande Ourse dans une toute-puissante immobilité. Ainsi se déroulaient les rites depuis le XIIIᵉ siècle dans l'enceinte de la Cité Interdite de Pékin. Des précédentes capitales impériales restent quelques traces, mais il n'est pas nécessaire de plonger dans les fouilles archéologiques pour imaginer un identique cérémonial dans une identique architecture destinée à reproduire l'espace idéal selon la cosmologie chinoise dans laquelle Empereur et Montagne sont liés.

33

Pékin, Cité Interdite – Cour dans la partie Nord-Est.

Suzhou – Jardin de l'Ouest (Xiyuan) du Temple Hanshan.

Pékin, Cité Interdite – Pierre sur socle dans le Jardin du Palais de la Longévité Tranquille.

Avant de pénétrer ce thème de la montagne, des cinq ou neuf montagnes, nous passerons par le détour de l'écriture et citerons Kyril Ryjik dans son prologue historique à *L'Idiot chinois*: «... Donc les premières graphies originelles de ce qui va être la langue écrite chinoise apparaissent sur les os divinatoires. Du fait qu'il s'agisse de petites graphies gravées sur des os, tandis que, par ailleurs, sur les parois des grottes de Lascaux ou d'Altamira l'on a de grandes représentations peintes, l'habitude s'est prise de parler des unes comme écriture, des autres comme peinture: c'est une stupidité. Les unes et les autres sont des narrations rituelles d'événements...» [p. 15]

山 graphie moderne du concept montagne est un dérivé du pictogramme ⏜ qui représentait trois pics, celui du centre étant le plus élevé. Pour l'expliquer, il est courant de dire que «trois» engendrant le pluriel, cela est la représentation d'une chaîne montagneuse. A cette limpide explication nous aimerions ajouter que l'écriture fixait des pensées préexistantes et, parmi celles-ci, la notion que non seulement la montagne appartenait à la terre, mais aussi qu'elle la marquait comme terre originelle.

Au centre d'une terre que les anciens imaginaient carrée s'élèvent donc la montagne axe du monde, plus quatre autres montagnes qui, placées aux points cardinaux, bordaient les limites terrestres. C'était une terre d'essence *Yin* tandis que les montagnes supportaient l'essence *Yang*, comme le ciel circulaire et toujours en mouvement. Plus tard on voulut situer ou matérialiser cet axe de la terre en l'identifiant aux Monts Kunlun (assez voisins du Tibet), cela en s'appuyant sur les textes védiques qui parlaient du mythique Mont Meru comme de la montagne polaire invisible sur laquelle s'étageaient les mondes célestes. Si l'identification ne fut que passade, elle prouve néanmoins l'intérêt qu'en tout temps on porta à la montagne.

De l'antique pictogramme, les Chinois conservent la mémoire, cela leur permet de lire immédiatement comme pierres-axe du monde les rochers isolés, ou les compositions de trois, cinq ou neuf pierres, les uns et les autres posés sur des socles, à l'intérieur de la Cité Interdite ou dans les jardins du Palais d'Eté.

Pour comprendre les raisons de l'intérêt porté aux pierres naturelles, jusqu'à les mettre ainsi en évidence au même titre que les œuvres d'art, il faut se souvenir qu'extraites de la montagne, arrachées au lit des torrents ou retirées des profondeurs des lacs, elles gardent, dans leurs textures, les marques des énergies telluriques et qu'en elles circule le *Souffle Vital*. Non travaillées, non taillées elles

35

restent androgynes et par cela expriment la Création à l'état pur; dire que les Chinois ne taillent pas les pierres n'est cependant pas juste, car ils en utilisent dans les motifs décoratifs des ensembles architecturaux, mais ils savent, ils ont su en tout cas, que sous le ciseau de l'artisan sculpteur les principes vitaux se séparent. Le respect des Chinois, et à leur suite des Japonais, pour la matière pierre les a conduit à l'utiliser assez peu dans la statuaire.

Les représentations de l'axe du monde sont très nombreuses, les empereurs aimant à s'entourer des emblèmes de puissance. Ces rochers, extrêmement phalliques d'aspect, ont une base relativement circulaire posée sur un socle de pierre (le plus souvent de plan carré, mais on rencontre des exceptions qui invitent à ne pas généraliser) orné de motifs stéréotypés: vers la base du socle, ce sont les motifs de nuées qui supportent ceux d'une mer qui, dans ses remous figés, paraît en fusion; le registre supérieur montre un ciel gonflé de nuages et peuplé de dragons eux-mêmes survolés d'une rangée de grues aux ailes déployées. Socle qui apparaît comme une image de la terre des commencements. Cependant que l'ensemble pierre axiale-socle nous est, en même temps, une évocation du *lingam* hindouiste dressé sur le plan carré de sa *yoni* qui, en Inde, supporte plusieurs symboles: celui de Çiva, du soleil levant, de l'union du ciel et de la terre, de l'œuf cosmique et du Mont Meru, c'est-à-dire les symboles de la Création.

En une grandiose exposition sur l'avenue qui longe le lac des jardins du Palais d'Eté, les pierres sur socles échappées aux destructions restent présentes pour manifester des signes de puissance, des signes magiques. Elles sont «l'Un» car «l'Un est l'origine de l'innombrable et le pivot des créatures... Comme le Tao engendre l'Un, l'Un engendre Deux, Deux engendre Trois, Trois engendre l'infinité des créations» avait dit Laozi.

Pékin, Palais d'Eté – Deux aspects de la même pierre-axe du monde.

En haut: Face angulaire et abrupte exprimant les forces du *Yang*.

En bas: Face aux formes molles et criblées exprimant les forces du *Yin*.

▷ Pékin, Cité Interdite – Jardin impérial.

Pékin, Cité Interdite – Jardin impérial.

Les pierres fantastiques

L'infinité des créations: qu'aurait possédé un empereur qui ne l'eût possédée?

Les chroniques nous informent que la passion pour les rochers fantastiques atteignait son sommet à la période Tang. En ce temps-là, la valeur marchande de telles pierres dépassait celle des peintures les plus célèbres. Au XIe siècle, le haut fonctionnaire lettré Su Shi avait payé cent pièces d'or pour une pierre miniature connue sous le nom des *Neuf pics*. Au XIIe siècle, c'est-à-dire trois siècles après la dynastie Tang, les envahisseurs Jürchen devaient détruire les extraordinaires collections de l'empereur Huizong, collections de peintures, de calligraphies, de monnaies anciennes, de jades et d'objets provenant de fouilles archéologiques faites sur des sites datant du deuxième millénaire (avant notre ère); en outre l'empereur possédait une fabuleuse

Pékin, Cité Interdite – Pierres sur socle dans la Cour du Palais du Ciel en héritage (Xuanqiong).

collection de pierres étranges. Son ministre, Zhu Mian, originaire de Suzhou, lui-même intéressé par les merveilleux rocs érodés du lac Tai, fit transporter un rocher monumental de 13 m de haut, sur un trajet de 640 km, jusqu'à Kaifeng, alors capitale de l'empire ; l'histoire officielle des Song qui rapporte ce fait signale qu'on avait utilisé un navire de guerre et plusieurs milliers d'ouvriers à l'occasion de ce transport qui, de plus, causa de nombreux dégâts aux ponts et aux écluses, ainsi que dans les murs d'enceinte des villes traversées. L'impériale passion pour les pierres – Huizong les faisait rechercher dans tout l'Empire et certaines étaient destinées à embellir une montagne magique élevée au nord-est de son palais – allait conduire le pays à la ruine. Lui-même dépossédé par les envahisseurs termina tristement ses jours en exil.

Cet attachement des Fils du Ciel, et à n'en pas douter de toutes les classes aristocratiques, aux pierres étranges qu'ils collectionnaient, trouve son origine dans les temps les plus reculés de l'histoire. Pendant des millénaires les Chinois ont d'abord vu le ciel comme l'intérieur d'une immense caverne dont des éléments détachés avaient formé les montagnes. Cette croyance archaïque subsiste dans le pictogramme de la pierre (shi) 石 qui représentait une pierre se détachant de la paroi interne d'une caverne. Un souvenir qui perdure des époques mythiques de la création de l'Univers, et se retrouve encore lisible dans l'actuel graphie 石. Mais la pierre qui tombait du ciel ou de la voûte caverneuse ne fut jamais considérée comme masse inerte : dans sa chute l'atmosphère la réanimait, lui insufflait le *Qi*, la réénergifiait.

Bien que les pierres-axe du monde n'appartiennent pas véritablement à la catégorie des pierres étranges, exceptionnelles, qui ravissaient les ardents collectionneurs impériaux, on peut les y inclure pour la raison qu'elles ont été intentionnellement isolées, choisies pour être posées sur des socles. Isolées du contexte «composition de pierres» tel que nous le rencontrerons dans le jardin du lettré. Les minéraux exceptionnels figurant aux catalogues impériaux, que nous pouvons actuellement admirer, sont, hormis de très rares et parfaites pierres du lac Tai, principalement des cristaux à peine dégagés de leur gangue, des concrétions marines et souterraines et des météorites. Et tous, par leurs textures et les origines, manifestant effectivement les influx magiques et bénéfiques, les vertus *Yin* et *Yang* rassemblées, sont autant de manifestations de l'infinie variété de la création.

Pékin, Cité Interdite – Jardin impérial. Stalagmite.

Les stalagmites et les stalactites qui illustrent l'aspect surnaturel de l'intérieur des montagnes ont toujours exercé une forte attirance ; on dit qu'elles sont, sur le plan esthétique, un contrepoint aux formes tourmentées des pierres taihu.

Pékin, Cité Interdite – Jardin impérial.
Holothuries fossiles et coraux.

Pékin, Parc Zhongshan (Mémorial de Sun Yat-sen) – Bloc calcaire sculpté par l'érosion.

Parmi les nombreuses variétés de pierres, les plus appréciées viennent de la région du lac Tai (Tai hu); c'est pourquoi elles sont nommées «pierres taihu». Issues de dépôts calcaires qui subirent l'action des acides corrosifs de diverses manières lorsque, à l'ère primaire, il y a trois cents millions d'années, le delta du Yangzi était recouvert par la mer, elles portent dans leurs cavités et leur ossature tourmentée toute l'histoire de la Terre.

Les grands amateurs les classèrent au sommet de la hiérarchie. Au VIIIe siècle, Bai Juyi leur dédie un long poème; au XIIe siècle, dans son catalogue sur les pierres, *La forêt nuageuse*, Du Wan les décrit ainsi: «Les pierres taihu sont produites par les eaux du Grand Lac. Elles sont dures et luisantes avec d'étranges reliefs d'yeux vides et de pics torsadés. Certaines sont blanches, d'autres d'un noir bleuté ou d'un bleu lumineux; les réseaux de leurs formes s'entrelacent, leur surface est couverte de petites cavités créées par l'action du vent et de l'eau. Lorsqu'on les frappe, elles sonnent avec limpidité. Ceux qui les récoltent plongent avec un ciseau et un maillet à la main; c'est un travail très pénible. Dès qu'un beau spécimen est arraché de l'eau, on le ceinture d'un robuste cordage, puis on le hisse à l'aide d'un treuil sur le pont du bateau. Les pierres dont les escarpements manquent de caractère peuvent être travaillées au ciseau; elles sont ensuite vieillies par une nouvelle immersion; ainsi peuvent-elles subir sans dommage l'action des pluies et des vents et conserver à jamais leur apparence...»

Pékin, Palais d'Eté – Pierre taihu
sur la rive Nord du lac Kunming.

L'EMPEREUR
ET LES DRAGONS

Anonyme, des Qing. L'empereur Kangxi dans sa robe d'apparat.
Peinture sur soie.

La danse des dragons

Boîte à fards, du règne de Qianlong (1736-1795). Cloisonné.

Pour la divulgation des enseignements ésotériques du Tao qui portaient sur l'entité cosmique de la Chine, sur la circulation des énergies, sur le *Souffle Vital*, l'imagerie s'empara d'une figure mythologique, familière dès la plus haute antiquité: le dragon. Sous cette forme ௪௪ il était présent dans les inscriptions sur os divinatoires, puis sur les bronzes rituels à partir du deuxième millénaire avant notre ère. C'est entre le premier millénaire et le deuxième siècle avant notre ère que lui seront ajoutées des ailes.

Parmi ses innombrables représentations iconographiques, nous avons choisi ce cloisonné et le panneau en terre cuite vernissée (p. 47) pour l'infiniment petite Terre formée de trois rochers, au bas de la composition; une Terre qui semble saisie, embrassée et soutenue entre les pattes robustes d'une paire de dragons. Sur fond d'Océan Cosmique que la couleur, entre le bleu et le vert, désigne comme d'essence *Yin*, deux dragons jaunes, l'énergie *Yang* à l'état pur, exécutent une danse cosmique que le physicien Kenneth Ford nomme, dans son *Monde des particules élémentaires*, à propos des protons, «la danse de création et de destruction», rappelant que rythme et mouvement sont les propriétés essentielles de la Matière, que toutes matières sur terre ou dans l'espace participent à une continuelle danse cosmique. Et nous voyons, sur ce panneau, deux éléments symétriques de mêmes dimensions: les dragons exprimant une même énergie, à ceci près que l'une est *positive* et l'autre *négative*. Au centre de rotation, axe de symétrie, sous l'aspect d'une sphère incandescente jaillit l'énergie du *Souffle Vital* à travers le cosmos dans lequel elle se propage comme un rayonnement de décharges électriques, provoquant des ondes à la verticale de l'émergence de la Terre sous la forme triple d'une montagne vibrante animée des mouvements tourbillonnants, toute chargée de l'énergie qui vient de se libérer.

Par ce thème mille fois reproduit, la mythologie taoïste explicitait depuis les temps les plus anciens la théorie du *big bang* originel que nos lois contemporaines de physique commencent à formuler.

Très tôt dans leur histoire, les peuples des plaines et des plateaux avaient dû identifier le formidable complexe de très hautes montagnes et de hauts plateaux que forment en arc de cercle, depuis l'Hindū Kūch jusqu'à la péninsule indochinoise, les plissements himalayens, à l'échine dorsale de cette créature fantastique qui agitait la terre de soubresauts fréquents. Mais dragons aussi étaient les fleuves indomptés et puissants descendus des hau-

teurs de l'Ouest. Quiconque les voit pour la première fois ne peut que lire dans leurs rides et remous, dans leurs cours fantasques, les écailles d'un dragon.

L'univers de l'Orient extrême est peuplé de dragons, et nous nous efforçons, intrigués, de dénombrer leurs traces, de les piéger, de les capturer pour les déchiffrer.

Mais les dragons, à l'autre face du monde, ne se laissent pas si facilement deviner; lovés dans les nuages excentriques, mêlés aux vagues symétriques, ils en surgissent à l'improviste, d'un seul coup, gueule ouverte, langue dardée, crinière au vent, pour ensemencer la terre et disparaître à nouveau, avant que nous n'ayons eu le temps de les nommer.

Au moins, savons-nous qu'ils nous aident ou nous condamnent à mesurer l'indéchiffrable distance qui nous sépare de leur existence ambiguë.

Aussi loin que porte notre regard, celui-ci les découvre coulés dans le bronze, anguleux, écaillés, ne sachant encore s'ils se sont déjà reconnus ou s'ils appartiennent seulement au masque énorme du t'ao-t'ie, glouton originel qu'ils figurent en s'affrontant.

Puis dans la pierre et dans la terre, ils apparaissent par bonds successifs, imprévisibles, étonnants, peut-être étonnés eux-mêmes de se trouver rampant à la surface d'un miroir, épaulant un jade rituel ou faisant tourner un vase qu'ils frappent de leurs queues effilées et contiennent dans leurs replis lustrés.

Anxieux de connaître leur vraie nature, nous les interrogeons et croyons, savants et naïfs, avoir forcé leur secret en les déclarant issus de l'alligator, du serpent ou du lézard.

Ils rient et s'enfuient le long d'une lame de sabre, derrière une boîte à médicaments, autour d'un bol sans mystère. Nous les pourchassons sans effroi, sachant qu'ils ne s'attendent pas à être percés d'une lance tandis qu'ils cracheraient leurs flammes ultimes, comme les monstres fabuleux ou maléfiques de l'Occident, mais qu'ils se proclament honorés et réservés par cet Orient qu'ils fécondent en lui apportant la pluie du printemps, avant de retourner se perdre dans les abysses de l'automne.

Enfin nous les rattrapons au détour d'un syllogisme, dans l'épaisseur d'un livre et la poussière d'une bibliothèque, nous les enfermons à triple tour démonstratif dans les chaînes suspectes d'une variable énumération: ils sont le Tao, ils sont le Yang et ils sont l'Est, ils sont le bois, ils sont le vert et ils sont les fêtes saisonnières. Mais eux, imperturbables, imprescriptibles, improbables, se sont déjà mis à jouer avec la perle sacrée, à se pourchasser parmi les reflets infinis de l'eau et du ciel, à s'enlacer, à lutter, puis se délier pour s'effacer dans la transparence du verre et du cristal.

Immuables dragons qui fendez les flots millénaires avec la rapidité des légendes, les morphologistes, plus rusés, vous

Pékin, Palais d'Eté – Bas-relief sur un mur de l'entrée Est.

ont mis sous verre et vous examinent à la loupe ; tête de chameau, cornes de cerf, oreilles de vache, cou de serpent, ventre de grenouille, griffes de faucon dit l'un ; gueule de tigre, corps de serpent, queue d'alligator, pattes de lézard, dit l'autre.

Certains encore les récitent : Solennel à cinq griffes, tu es l'empereur ; jaune, tu as apporté l'écriture ; soumis à Bouddha, tu transportes sur ton dos les saints vieillards ; accouplé avec une truie, tu engendres l'éléphant ; et ainsi de suite jusqu'à épuisement des psychologues, des sociologues, des démonologues.

Immobilisé un moment par tant de scrupules zoologiques, tant d'attention mythologique, ils roulent leurs yeux en billes de loto puis, profitant d'un moment d'inattention, s'élancent, la barbiche déployée, dans les dédales d'une rêverie où le poète les attend pour les apprivoiser.

Car, en fin de compte, nul ne peut connaître vraiment un dragon s'il ne l'invite à venir habiter sa maison.

P.-F. Schneeberger, Le Dragon.

Pékin, Cité Interdite – L'un des deux panneaux de terre cuite émaillée situés de part et d'autre
du portail au Palais de la Nourriture Mentale (Yangxin dian).

47

Dragons imprimés
sur la terre de Chine

Planche du *Manuel de peinture du jardin pas plus gros qu'un grain de moutarde* de Wang Gai illustrant un thème classique. 1679.

Un peintre qui dessinait un dragon se vit reprocher de ne lui avoir pas donné de pupilles mais, lorsqu'il les ajouta, le dragon prit immédiatement son envol.

Maquette schématique du relief général.

Sur la première carte se lisent les étagements du relief depuis les hautes montagnes de l'Asie centrale, dans la descente physique, de palier en palier, jusqu'aux côtes, là où le niveau de la terre approche l'altitude zéro. Sur la seconde – chaque point a valeur de 5000 habitants – se lisent les zones contemporaines de peuplement, environ un milliard d'hommes selon les derniers recensements, tandis qu'en 1834 la population s'élevait à 400 millions et qu'au premier recensement de toute l'histoire en l'an 2 de notre ère elle était de 57 millions (un peu plus que les évaluations données pour l'Empire romain de la même époque selon J. Gernet dans *Le Monde chinois*). Mais il est clair qu'en dehors de certaines zones, le Heilongjiang par exemple, toutes proportions gardées, les lieux d'une implantation dense ne se sont guère modifiés: ils correspondent aux plaines et plateaux irrigués beaucoup plus qu'aux régions côtières.

48

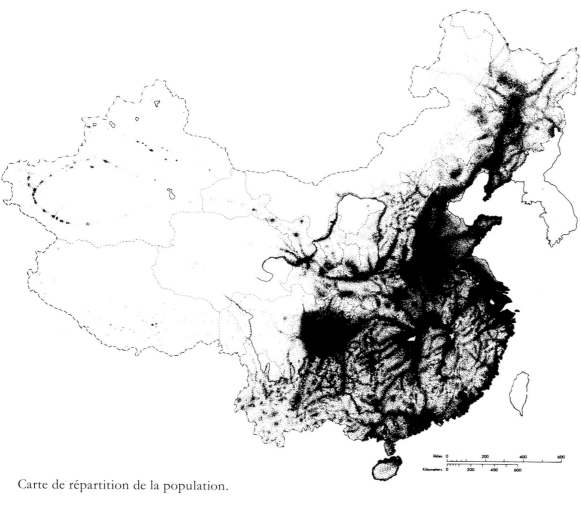

Carte de répartition de la population.

Comment dessiner le motif du dragon impérial,
illustration extraite d'un article publié par Yin Yuanzhen
de l'atelier de costumes de l'Opéra de Pékin.

Maintenant que ces cartes dédoublées d'un
même espace vous sont présentes, si vous reportez
votre regard sur le panneau de terre cuite vernissée
de la danse des deux dragons, vous pourrez lire
dans l'ondulation de celui de gauche l'expression
du relief montagneux, tandis que sur celui de droite
s'inscrit l'implantation des hommes liée, comme
dans la plupart des cas, au réseau orographique.
Superposées, ces deux cartes – extraites d'ouvrages
différents – vont précisément reproduire la danse
cosmique des dragons ou l'expression dualisée de
la course spatiale d'un dragon unique.

Tout ensemble céleste, souterrain, terrestre,
aquatique, en ses veines coule un sang noir et
jaune:

«Noir comme le ciel
et jaune comme la terre de Chine»,
selon le Livre des Mutations.

49

Le cycle du dragon

Pékin, Cité Interdite – Terrasse du Palais de la Pure Récolte.
Un des deux dragons à cinq griffes
(dragons du sommet de la hiérarchie).

Depuis l'Ouest jusqu'aux mers orientales, dans sa trajectoire son premier aspect solide et mâle, son aspect *Yang*, ira s'atténuant au bénéfice d'une prédominance aquatique d'essence *Yin*, c'est-à-dire que, tandis que le niveau des montagnes s'abaisse, les fleuves gorgés de sang jaune prennent de l'ampleur et irriguent les plaines. Arrivé à la mer, il reprend son envol, *dragon bondissant* ; lorsqu'il emplit son corps des nuages toujours renouvelés, il est *dragon volant* ; redescendant vers ses terriers sous forme de pluie, il devient *dragon planant*. Après une période de repos observée, il poursuit son cycle sans fin, *dragon caché*, souterrain, puis *dragon dans les champs* dans les légers affleurements à la surface du sol des énergies telluriques, et réapparaît, *dragon visible* aux hommes dans la course des rivières et des fleuves. Sixième, le *dragon visible* est le premier des 64 hexagrammes, *qián*, complètement *Yang* du Livre des Mutations; il exprime l'élan, le dynamisme fondamental, la puissance active de transformation considérée comme un attribut du Ciel.

Présent dans le cycle temporel des saisons, le dragon apparaît au printemps, *Est* et *Printemps* sont en correspondance, il est alors vert, du vert des premières pousses; à l'équinoxe de *Printemps* il prend son envol pour devenir puissance céleste et se manifester par la foudre lorsqu'il a atteint le maximum de son intensité *Yang*. A l'équinoxe d'*Automne*, coloré d'ocre rouge, il redescend sur la terre.

En tant que puissance céleste, créatrice, ordonnatrice, le *dragon* ne peut être qu'associé à l'Empereur, gardien du calendrier et dont la fonction est de garantir la prospérité de l'empire en veillant à ce que l'ordre sur terre soit conforme à l'ordre céleste. Scellés dans les murs, gravés sur les stèles, moulés dans le bronze, tissés dans les brocarts des robes de dignitaires, les dragons ont peuplé, peuplent toujours les palais et les résidences impériales. Dragon, puissance céleste jaillie des eaux; la *perle* qu'il tient entre ses pattes dressées peut aussi symboliser la perfection et les ordres de l'Empereur, l'éclat indiscutable de sa parole de chef.

Vase en porcelaine peint en rouge de cuivre sous couverte, du règne de Kangxi (1662-1722).

Suzhou – Les Pagodes Jumelles (Shangta si). Stèle du dragon dans les nuages.

51

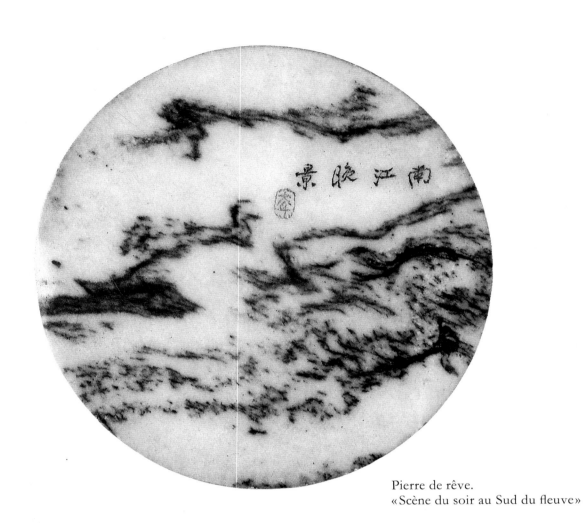

Pierre de rêve.
«Scène du soir au Sud du fleuve»

Course et danse de dragons:
expression de la structure de la matière,
expression des mouvements de l'atmosphère,
expression du plissement des montagnes,
expression du cours des fleuves.
Course et danse du Principe Vital
en ses multiples et changeantes manifestations.
Il ne fallait pas s'étonner
qu'en témoignent les veines pétrifiées
d'une parcelle polie des Monts Tian shan.

En regard des traces indélébiles
du tourbillonnement des énergies,
qu'un homme gravant «Scènes du soir au Sud du fleuve»
et signait de son nom de plume, Da Jian,
allait orienter,
nous ne savons pas plus qu'un état d'âme
flottant entre l'espace et le temps,
qu'une expression du Tao.

L'HOMME ET LES DRAGONS

Pour le dompter, l'archer Yi tire sur Hebo, le seigneur du
Fleuve Jaune. Planche du *Chuci* paru sous les Qing. 1645.

La descente du dragon

«Les Anciens confiaient leurs élans intérieurs au pinceau et à l'encre en empruntant la voie du paysage. Sans transformer, ils s'adaptaient à toutes les transformations, sans agir, ils agissaient; vivant obscurs, ils ont obtenu la gloire; parce qu'ils avaient parachevé leur formation et maîtrisé la vie, en enregistrant tout ce qui se trouve dans l'Univers, ils ont été investis de la substance même des monts et des fleuves.» (Shitao[1].)

Des commentaires de Pierre Ryckmans sur les *Propos* concernant le début de ce chapitre XVIII, plutôt que paraphraser, nous citerons: «[...] la peinture n'est pas un *décalque*, un démarquage du monde, mais une *réalité* parallèle au monde. Les divers caractères concrets que présentent respectivement la montagne et l'eau sont la mise en œuvre des vertus abstraites dont le Ciel (ou la Nature) les a dotées. Le peintre ne peut se contenter de reproduire les manifestations concrètes de ces vertus: il doit remonter en lui-même à leur source, c'est-à-dire à ces diverses vertus elles-mêmes dont, par la grâce du Ciel, il est lui aussi investi. Ce n'est donc pas à la montagne ou à l'eau qu'il empruntera ces diverses vertus, puisque le Ciel les lui a imparties directement à lui-même. [...] ce don qu'assume le peintre lui a été conféré par le Ciel, et le Ciel a parallèlement doté la montagne et l'eau; aussi, le développement autonome de la peinture, loin de s'effectuer dans le vide, se réalise et s'inscrit symétriquement à côté des autres manifestations naturelles de la Création, qu'inspire un ordre unique.»

Montagne et eau, 山 et 水, *shanshui*: deux sèmes d'opposition réunis pour nommer la *peinture de paysage*.

Dans les mouvements ascendants de la montagne et la course de l'eau qui semble suivre un sens inverse, dans la structure du paysage ainsi composé, les forces vitales, les souffles de la création animent l'espace. Tout est contradiction dans un premier temps: le sommet de la montagne, dans ses plissements, paraît irrésistiblement attiré vers le ciel, mais la forêt qui l'habille, dans ses méandres descendants, rejoint le bas de la composition; du haut de la montagne l'eau jaillit en une violente cascade, mais bientôt le torrent est masqué par les écharpes de vapeurs que le ciel semble aspirer. Des brumes blanches, plages de vide, de la végétation

sombre, espaces pleins, naît le mouvement, la danse cosmique toujours représentée.

Dans une lecture plus fouillée, nous découvrirons les motifs ornementaux de cette structure par la division de la peinture en trois registres horizontaux.

A la base du premier tiers supérieur, une cascade jaillit de la roche; son tracé caractéristique va être utilisé par les dresseurs de pierres japonais pour exprimer l'un des types de cascades dans le jardin. Les divers éléments constituant ce premier registre sont simples : à gauche la cascade, au centre le flanc abrupt de la montagne, à droite une secrète haute vallée masquée par les nuées.

Les forces *Yin* et *Yang*, qui dans le premier registre sont présentées dans une relation calme d'équilibre, parcourent le second registre de leurs vibrantes manifestations; la course de la haute cascade est bientôt masquée par les vapeurs de plus en plus denses accrochées aux rochers; corps blanc, le *dragon planant* occupe le centre de cette partie centrale. Blottis entre les méandres vaporeux apparaissent deux abris, l'un est plus visible que l'autre, dissimulé au pied des nuées du registre supérieur.

Dans la partie gauche, à la base du second registre, se trouve un petit personnage, l'homme au bâton, il vient juste de pénétrer dans la composition.

Tandis que les deux registres supérieurs développent la course parallèle des deux dragons, le registre inférieur consacre leur réunification dans les entrelacs de rocs, d'arbres, de souches et de torrents qui dessinent, comme sur les inquiétants et fantastiques tableaux des «têtes composées» créés par Arcimboldi, la gueule et les pattes antérieures du dragon redevenu unique. C'est dans l'antre de ses mâchoires que le peintre a situé deux personnages citadins sous le toit de chaume d'un kiosque sur pilotis, une «folie» pour lettrés sages, lieu d'habitude reconstitué dans les Jardins de Longévité. Malgré l'amorce d'un sentier, les deux promeneurs sont probablement parvenus à cette jonction des *Souffles Vitaux* au moyen de la barque amarrée qu'un serviteur, dissimulé dans les broussailles entre les pattes du dragon, a conduite.

Kun Can, des Qing (1612-vers 1692). Hautes montagnes et longues eaux, vue du pic Tiandu des Monts Huangshan (Anhui). Rouleau sur papier.

A cause du personnage solitaire de la seconde peinture, nous aimerions lire celle-ci comme la poursuite du voyage mental des deux personnages de la précédente. La montagne n'a jamais de fin, sitôt franchis les derniers contreforts, nous espérons parvenir au sommet mais dans cet instant nous découvrons d'autres plissements, d'autres hauteurs que les premières avaient dérobées à notre regard, ainsi cette ascension physique qui matérialise l'ascension spirituelle reste une poursuite...

Vers ses hautes retraites était-il bûcheron, était-il ermite, ce petit homme au bâton? Et les deux lettrés, entre deux verres de vin, se récitaient-ils le poème de Jia Dao (779-843)?

«L'oreiller à la tête du lit est une pierre du [torrent],
la source du puits à travers les bambous descend [à l'étang].
L'hôte ne dormait pas encore, minuit passé,
écoutant solitaire quand la pluie vient de la [montagne].»

En comparant, dans la peinture précédente et dans celle-ci, la végétation qui couvre les escarpements des sommets, nous voyons qu'ici la montagne plus dénudée est sans doute plus haute; insensiblement nous sommes passés à la représentation d'un paysage situé à l'altitude supérieure. Dans cette composition il nous faut également remarquer le traitement de la montagne lointaine: à l'arrière-plan surgissent des pics inaccessibles (1). Vision de la «montagne lointaine» qui sera traduite, comme nous le verrons, dans les Jardins de Longévité.

Sur le replat, au-dessous du «sommet proche» de la partie gauche supérieure, là où, dans les eaux de ruissellement, se concentrent les premières manifestations de *l'énergie*, nous observons une cuvette (2), forme presque refermée avec ébauche de presqu'île, évocation du *dragon planant* (p. 53), comme un prototype des étangs de jardins en Chine puis au Japon.

De l'étang réservoir s'échappe une cascade (3), à travers une étroite faille, dans une descente vertigineuse. Un premier bloc rocheux tombé des sommets lui fait obstacle (4), diversifie sa chute, diminuant sa force, et crée une seconde cascade dans la faille élargie qu'une passerelle enjambe (5). Dans les bouillonnements de la troisième cascade en gradins (6), l'eau progressivement perd de sa vigueur, n'attaquant plus que très lentement les obstacles qu'elle rencontre, elle redevient porteuse des

énergies du *Souffle Vital*, au même titre que le bassin récepteur du replat supérieur. C'est à la fin de cette course tumultueuse que le peintre a situé ce solitaire personnage qui semble s'imprégner des effluves bénéfiques à la jonction de l'eau et de la terre (7), il est dans la *gueule du dragon*, d'un dragon que cette composition en son entier présente. A la verticale du personnage, entre les branches des arbres, nous découvrons une masse circulaire ou sphérique mal identifiée dont nous ne savons si elle est *œil* ou *terrier* du dragon (8).

Au pied des brumes d'où surgissent les *montagnes lointaines*, nous découvrons les toits d'un ermitage à deux étages (9), peut-être un monastère bouddhiste; sa situation en ce point précis, nous le verrons plus loin, n'est absolument pas un effet du hasard, une fantaisie de l'artiste.

C'est en suivant le cheminement des sentiers, que notre regard perd et retrouve, que nous prenons conscience de l'art extrême de l'exposition des plans, de la profondeur du champ, ici beaucoup plus évidente que dans la composition précédente. Depuis l'ermitage, un mamelon nous en dérobe l'amorce (10), nous retrouvons le sentier dans l'espace d'un replat (11), puis il est de nouveau masqué par un mont escarpé, de couleur claire, derrière lequel nous supposons une bifurcation: il continue à grimper dans la montagne vers les origines de la cascade, d'une part, mais rejoint aussi la passerelle jetée sur le torrent (12).

Comme la peinture précédente, celle-ci, dans son entier, est une évocation de la descente du dragon par le media de la montagne en tous ses plissements, en toute la végétation qui la couvre. Les peintres se sont mis très tôt, dans l'histoire de la peinture de paysage, au service de l'expression des *artères* ou du *pouls du dragon*, c'est-à-dire des courants intérieurs d'énergie que la géomancie chinoise prête aux montagnes; «cette notion joue un rôle essentiel dans la conception de la composition, dont elle détermine l'unité et le dynamisme organique»[2] et le peintre qui les négligerait ne se limiterait qu'à la manifestation extérieure des formes.

Dragon de l'eau dans le premier paysage, au travers des vapeurs, des brumes et des fumées qui, dans la dialectique structurelle du *shanshui*, assument le rôle de l'eau et, sur le plan plastique, permettent de combiner le vide avec le plein; dragon de la montagne dans le second paysage, ce dragon que nous avons maintes fois rencontré tant sur des objets, sculpté dans les bas-reliefs, sur des

Shen Zhou, des Ming (1427-1509).
Les hauteurs du Mont Lu.
Peint en 1467 pour les 70 ans de son maître.
Rouleau sur papier.

Wang Hui, des Qing (1632-1717).
Paysage d'eau et de marécage dans le style de Zhao Danian.

Les conducteurs du dragon

Les deux premières peintures de paysages présentées, qui ne seront pas les dernières, nous ont montré des personnages infiniment petits mais jamais égarés dans de grandioses espaces; bien au contraire, ils étaient toujours situés soit sur le lieu de rencontre des effluves bénéfiques, soit sur le point de s'y rendre.

Nous comprenons la présence de personnages dans les peintures de paysage selon trois points de vue.

Sur le plan esthétique, ils apparaissent en référence, donnant une échelle de grandeur aux sites, ils sont le rappel de l'identification de la peinture à la poésie et de la poésie à la peinture, identification qui fait la particularité de la création artistique en Chine. Il y a eu l'habitude des peintres de citer des poèmes jugés particulièrement aptes à favoriser l'inspiration. Shitao écrivait: «Dégager une peinture d'un poème est affaire d'instinct et de tempérament: il ne s'agit pas d'emprunter sa peinture à tel ou tel, et puis d'en faire un poème après coup. Dégager un poème d'une peinture découle naturellement, au moment de l'inspiration, du même univers mental: il ne s'agit pas d'absorber arbitrairement un poème, de le disséquer, et puis d'en faire une peinture après coup. Pour qui saisit vraiment leurs relations mutuelles, l'échange est comme celui d'un miroir qui reproduit une image sans qu'il y ait, au départ, la moindre intention préconçue. Mais les gens d'aujourd'hui tombent inévitablement dans une conception arbitraire de ces relations entre peinture et poésie.»[3]

Philosophiquement, ils attestent la place de l'homme au sein de l'Univers, sa participation à l'Ordre Universel. Il n'est ni le maître ni l'hôte d'un monde créé une fois pour toutes dans la splendeur de sa perfection. La Création, dont il est partie intégrante, reste inachevée et l'homme aura à consacrer sa vie au perfectionnement de la Terre.

Nous leur prêtons enfin un rôle didactique: les emplacements que les artistes ont choisis pour les disposer dans leurs paysages ne sont jamais anodins, ils signalent les règles de situation des lieux les plus bénéfiques à l'homme au sein de la nature.

peintures, dans le réalisme le plus concret que dans les suggestions les plus subtiles, est totalement intégré, il n'est jamais absent. Il déroule sa course – ils déroulent leurs courses, dédoublés ou multiples. S'envolant aussi bien dans les volutes d'encens d'un brûle-parfum que poids de bronze où, représenté refermé sur lui-même, il devient l'Unique dans sa course cosmique.

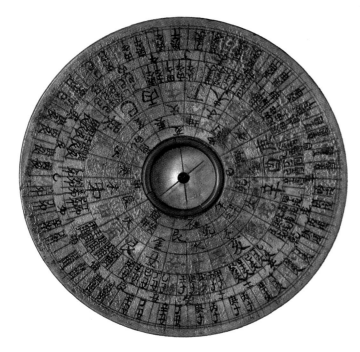

Boussole de géomancien *(luopan)* en bois verni comportant 8 anneaux de lecture. Epoque contemporaine.

Une boussole de ce type fut copiée par le jésuite Henry Doré pour son ouvrage Recherches sur les superstitions en Chine *publié entre 1911 et 1938. Peu de boussoles sont aussi simplifiées; en général elles comportent de 16 à 20 anneaux sur les 38 prescrites dans les traités. Si l'on numérote les anneaux de 1 à 8 en partant du centre, le premier contenant l'aiguille aimantée, on trouve dans le deuxième, divisé en 16 cases, les 8 points cardinaux écrits en idéogrammes archaïques. Les anneaux suivants sont divisés en multiples de 12 (24, 72 et 120). Dans le troisième figurent les noms des 12 trigrammes; dans le quatrième, la triple répétition de 4 des 5 Eléments: Bois, Feu, Métal, Eau, l'Elément Terre étant omis. Ce type de boussole indique la direction des Souffles Vitaux liés aux orientations, il permet de prescrire les corrections à apporter à la topographie afin de contrer les courants néfastes.*

La Tradition rapporte que Yu le Grand, successeur des cinq souverains mythiques, dompta avec le concours d'un dragon céleste les eaux surabondantes des terribles fleuves capables d'apporter aussi bien la richesse que la désolation lors de leurs crues périodiques. Il traça et creusa le lit des fleuves sauvages, mit en place la structure du territoire. Dès le deuxième millénaire avant notre ère, tout semblait déjà être mis en ordre: les agriculteurs sédentaires s'installaient au pied de leurs montagnes-dragons, dans les courbes de leurs dragons-fleuves. Yu le Grand peut être considéré comme le précurseur de la lignée ininterrompue des spécialistes des problèmes d'organisation de l'espace, connus sous le nom de maîtres du *Fengshui*, ou maîtres des Vents et des Eaux, appelés également les *conducteurs du Dragon*. A l'époque des Han, les recherches sur les champs magnétiques aboutissaient à la fabrication d'un appareil, ancêtre de la boussole, dans lequel une pièce de métal aimanté se positionnait sur l'axe Nord-Sud. Il était utilisé pour situer le Sud, l'empereur devant faire face à cette orientation, dans un ordre terrestre se calquant sur celui du Ciel.

Les maîtres du *Fengshui*, dans leurs recherches sur les lieux de concentration maximum des énergies, c'est-à-dire les lieux imprégnés du *Souffle Vital*, découvrirent que ceux-ci étaient le plus souvent situés au-dessus des sources souterraines.

Les spécialistes du *Fengshui* ont eu entre autres tâches de détecter, pour le plus grand bénéfice de l'homme, ces concentrations d'énergies, de capter les courants positifs qui descendent de la montagne et de les conduire vers les plaines, vers les sites habités, ainsi que d'écarter les courants négatifs. Lorsque pour l'implantation humaine le site naturel ne correspondait pas exactement aux données géomantiques, de gigantesques travaux de remodelage du terrain étaient alors entrepris. On peut citer les modifications de tracés fluviaux, dans certains cas le comblement de crêtes afin d'occulter le passage aux vents porteurs de souffles néfastes, la création de collines artificielles telle la Colline du Charbon (Meishan) au Nord de la Cité Interdite.

Selon l'éthique taoïste, les manipulations à la surface de la terre exercent des modifications sur le courant interne des *Souffles Vitaux*, c'est pourquoi il était important de ne pas «réveiller le dragon», c'est-à-dire le blesser par de maladroites interventions dans ses parties vitales et susciter son courroux. A l'échelle du territoire chinois, les manipulations de paysages gérées par les géomanciens furent effectuées en douceur, dans le respect de ses irrégularités et la préservation de son aspect organique. Ces soucis sont restés constants depuis plus de deux millénaires.

Actuellement, et sur un plan quasi international, l'attention des organismes gouvernementaux, alertée par une avant-garde marginale qui mit en évidence le délabrement de la nature par l'homme dans des buts d'immédiats profits, s'oriente de plus en plus vers l'étude des écosystèmes que les géomanciens chinois avaient surveillés depuis les époques les plus anciennes. Le domaine d'action des maîtres du *Fengshui* allait de la fondation des sites urbains à l'implantation des villages ou des simples demeures, du choix de l'emplacement des tombes à celui du forage des puits. Les géomanciens sont toujours couramment et officiellement consultés à Hong Kong comme à Taiwan lors de tout aménagement d'espaces.

Le terrier du dragon

Dans presque toutes les régions de la Chine, les habitants tiennent aujourd'hui encore à l'orientation plein Sud. «On peut se demander pourquoi cette disposition est si généralement adoptée, et cela sous des latitudes aussi diverses que Pékin, Shanghai ou Canton, dans les villes comme dans les villages, dans les installations temporaires comme dans les maisons en dur. L'explication est dans le problème de l'ensoleillement. Malgré les différences climatiques d'une région à l'autre, le souci commun est de recevoir le plus possible de soleil en hiver et de s'en protéger en été. Or l'orientation plein Sud permet d'atteindre ce résultat, surtout dans le climat continental du Nord de la Chine. Plus on va vers le Sud du pays, plus le soleil se déplace haut dans le ciel et moins il pénètre dans les pièces l'été. Donc l'orientation plein Sud reste valable même dans les régions les plus méridionales.»[4] L'habitude profondément ancrée d'ouvrir la maison au Sud pose de gros problèmes aux urbanistes et architectes contemporains. Léon Hoa explique d'une manière rationnelle cet attachement dans lequel nous voyons également la vigoureuse tradition ancestrale retransmise par les maîtres du *Feng-shui* de retrouver dans l'implantation de la résidence les principes directeurs du *terrier du dragon*.

Qiu Ying, des Ming (vers 1510-1551). Paysage dans le style de Li Tang. Section d'un rouleau sur soie.

Implantation du *terrier du dragon* d'après un manuel de *Fengshui.* ▷

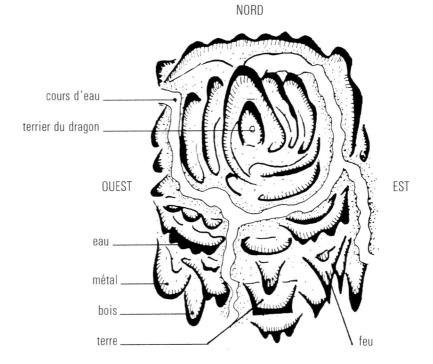

NORD

cours d'eau

terrier du dragon

OUEST   EST

eau

métal

bois

terre

feu

Voyageurs au printemps. Copie de la peinture de Zhan Ziqian (551-604, ou fin du VIIᵉ siècle) du Musée de l'Ancien Palais Impérial de Pékin ; c'est le plus ancien rouleau connu représentant un paysage ou plus probablement un jardin. Détail d'un rouleau sur soie.

棲霞總圖

Anonyme (XVIIIe siècle). Deux planches de l'album *Palais de l'Empereur*

Hors des agglomérations, les moines bouddhistes ont toujours recherché pour implanter leurs monastères des sites
naturellement protégés où se concentraient au maximum
les Souffles Vitaux ; dans chaque cas l'emplacement
correspondait au terrier du dragon.
Sur la planche de gauche portant l'inscription « Qi xia
zong tu », « plan général du gîte des nuages empour-
prés », les bâtiments, orientés au Sud, sont édifiés dans
une cuvette au pied des montagnes qui les protègent à

幽居巷

distribués sur la route de Pékin à Suzhou, à six ou sept lieues les uns des autres.

l'Ouest, à l'Est et surtout au Nord ; le site choisi est en
tous points comparable à celui des prototypes reproduits
aux pages précédentes. Sur la planche de droite on lit
« Yu jü' an », « le petit sanctuaire de la retraite solitaire ». Les bâtiments sont blottis au pied de blocs rocheux qui canalisent et concentrent les énergies de la
montagne que l'on aperçoit dans le lointain Nord-Est.
Les moines n'eurent que peu de travaux à effectuer pour
adapter ce jardin naturel.

Dessin didactique extrait d'un manuel du XIX⁰ siècle
sur la construction des jardins dans la Chine ancienne.

se retrouve en alternance dans l'expression rythmique de la montagne tandis que le ciel, uniformément ocre-rouge, symbolise le *Yang* parfait. Le dragon qui jaillit des eaux s'élance pour sa remontée vers le ciel.

Originaire d'Asie centrale, point de rencontre de plusieurs hautes civilisations, ce fragment de fresque reste pour nous une des plus belles images de l'expression du Tao par la manière dont les couleurs symboliques qui se retrouvent dans toute l'iconographie des taoïstes a été ici utilisée pour exprimer l'équilibre et l'harmonie de forces apparemment antagonistes.

Cette poterie, maquette de jardin, précieux souvenir d'un jardin disparu, ce reste de peinture murale échappé de son contexte et figé dans un musée viennent de sites éloignés l'un de l'autre mais traduisent une identique préoccupation : l'importance des manipulations à la surface de la terre dans les règles de la géomancie afin de capter les forces telluriques dans des recherches qui dataient probablement des origines de la sédentarisation.

Des jardins très anciens nous n'avons de traces qu'à travers les peintures, la littérature romanesque et quelques objets comme cette poterie vernissée de la période Tang récemment découverte dans une tombe. C'est une réduction de paysage où l'arc des montagnes abrite une pièce d'eau. Montagnes plissées, ondulées, mouvementées pour une représentation des *veines du dragon*, dans l'alternance des éléments *Yang* dressés, des coulées et cavités d'essence *Yin*. Près de l'eau croissent trois champignons, ils symbolisent les champignons magiques dont l'absorption, dans la tradition taoïste, permettait d'accéder à l'immortalité.

Pour une lecture parallèle, un fragment de peinture murale, datant du IX⁰ siècle, provenant de Bäzäklik, site d'Asie centrale sur l'itinéraire de la route de la soie. Nous éloignant de certains commentaires à son propos, nous ne pouvons interpréter ce paysage comme une représentation maladroite mais comme l'évocation réaliste d'un paysage aménagé par l'homme pour une lecture initiatique ou le rappel de l'observance de règles vitales. Que les sommets de l'arrière-plan soient de vraies montagnes ou leur interprétation dans le jardin n'a guère d'importance par rapport à l'implantation des arbres sur les terrasses aménagées au bord du plan d'eau, matrice d'où surgit un dragon. Du bleu-vert, teinte froide *Yin*, s'élève la force mâle ocre-rouge, teinte chaude *Yang* : l'opposition de ces tons

Palette à encre trouvée dans une tombe à Zhongbao (Shaanxi). VIII⁰ siècle. Céramique en trois couleurs.

64

Bäzäklik (région de Turfan, sur la route de la soie).
Peinture murale sur le temple N° 19. IX-X⁰ siècle.

La manipulation des sites

Capitale impériale fixe depuis le XVe siècle, Pékin est situé au Sud-Ouest d'une petite plaine, dans le prolongement de la grande plaine de la Chine du Nord. Ce prolongement septentrional est limité à l'Ouest et au Nord-Est par des montagnes qui s'élèvent peu à peu (400 à 500 m, puis 1000 à 1500 m) en direction du plateau de Mongolie. Cette plaine, d'une altitude moyenne de 44 m au-dessus du niveau de la mer, est en partie formée par les alluvions que les fleuves ont apportées des montagnes; et principalement par la rivière Yongding qui prend sa source sur le plateau mongol et pénètre dans la plaine par l'Ouest. Ce turbulent cours d'eau modifia plusieurs fois son trajet et donna à la plaine des physionomies successives, causant parfois de grands ravages. On trouve dans un rayon de 100 km à l'Ouest, au Sud et à l'Est de Pékin, des sites archéologiques attestant une intense culture dès la période néolithique, correspondant à la première dynastie de l'histoire traditionnelle des Xia illustrée par Yu le Grand. Cette succession de civilisations dans un territoire déterminé n'est sans doute pas le fruit de hasards et peut être mise en relation avec les théories concernant les choix d'implantations de l'homme sur des lieux privilégiés que l'on retrouve dans toutes les civilisations sédentaires. Si donc, sur une vaste échelle, cette région correspondait effectivement, par l'entourage des chaînes montagneuses, la profusion de l'eau des rivières et des sources, aux données géomantiques, il a cependant été nécessaire de remodeler, à une échelle moins vaste, ces conditions idéales selon les préceptes du *Fengshui*, lors de l'édification des grandes résidences.

La construction de la Cité Interdite nécessita de gigantesques aménagements; de nouveaux travaux furent entrepris afin de calmer et contenir l'impétueuse Yongding qui maintes fois brisait les défenses élevées; les lacs existants furent agrandis, des canaux creusés; d'autres collines artificielles élevées contre ce terrible vent du Nord qui balaie toujours cette zone. Parmi ces travaux de manipulations des grands sites figurent ceux du lac Beihai, creusé à partir du XIIIe siècle par Qubilai, à l'Ouest de l'actuelle Cité Interdite, dans un axe Nord-Sud; le Meishan (ou Colline du Charbon) au Nord du palais, édifié dans la première moitié du XVe siècle

sur l'emplacement d'un parc de chasse avec les remblais des fossés; l'immense complexe du Yiheyuan (où l'on cultive l'harmonie) nommé communément le Palais d'Eté, situé à une vingtaine de kilomètres au Nord-Ouest de Pékin. Ce territoire avait été d'abord une réserve de chasse; il fut modelé par plusieurs princes puis empereurs qui s'y installèrent pour fuir l'été très chaud de la capitale. Les lacs, modestes à l'origine, furent considérablement agrandis, la terre provenant des excavations servit, là aussi, à surélever les collines existantes. Tout au long de l'histoire, ce site connut des manipulations de vaste envergure, modifications dans lesquelles nous voyons des préoccupations d'assainissement, donc de mieux-vivre, manipulations *orientées*, en relation directe avec les données du *Fengshui*.

L'empereur Qianlong fut l'un des derniers grands ordonnateurs, parachevant l'œuvre de ses prédécesseurs; il compléta également les lacs et les collines artificielles par des aménagements architecturaux inspirés par les conseils des missionnaires jésuites avec lesquels, sans exclusive pour d'autres éthiques, il entretint pendant quelque temps de bonnes relations.

Les peintres jésuites qu'il accueillit à sa cour enseignèrent à ses artistes les techniques de la perspective européenne. On le constate sur ces aquarelles d'artistes quelque peu besogneux qui, certes, sans l'envolée inspirée des grands créateurs mais en des transcriptions fidèles, nous restituent le souvenir des splendeurs parfois composites de l'immense complexe du Palais d'Eté tel que l'empereur Qianlong l'avait transformé.

Pages 67-68-70-71:
Yuan Ming Yuan, Palais d'Eté près de Pékin et environs.
40 vues topographiques.
4 planches extraites de 2 albums d'aquarelles par Tang Dai et Shen Yuan. 1744.

Au premier plan un pont en dos d'âne enjambe un bras d'eau, coudé selon la même disposition que le canal « la Rivière d'Or » de la Cité Interdite. Le site a été complètement aménagé de mains d'homme à l'exception des montagnes que l'on aperçoit dans le Nord lointain.

Dans le prolongement de l'axe de l'entrée, entre le palais principal et le lac artificiel, une composition de pierres dressées, évocation des montagnes lointaines, reconstitue le cirque protecteur en fer à cheval.

A la recherche des jardins perdus, cette aquarelle nous invite à vagabonder dans l'espace moins solennel d'une «campagne», dépendance rustique des Palais d'Eté.

Comme le précédent, ce site est également remodelé dans une composition très proche de celle de la peinture de Qiu Ying (p. 60): nous y retrouvons la présence de l'eau, des montagnes, des arbres protecteurs. Ici, c'est le puits qui est situé dans le *terrier du dragon*, mais les puits et les sources sont en Chine assimilés au dragon des eaux souterraines. Du puits, une rigole de bois permet l'irrigation d'une petite rizière de fantaisie qui complète cette évocation d'un climat champêtre.

De cette aquarelle nous présentons une gravure faite à la même époque par un artiste occidental qui s'appliqua dans son travail à restituer l'atmosphère chinoise. Il était intéressant de mettre en parallèle ces deux œuvres au premier regard identiques qui, dans une observation plus précise, s'avéreront différentes. Nous verrons alors que certains détails furent omis par le graveur; parmi ceux-ci, on notera l'accrochage caractéristique des compositions de pierres qui bordent la rivière – probablement un canal: «Les çanaux n'ont aucun alignement, les pierres rustiques qui les bordent sont posées avec tant d'art qu'on les dirait l'ouvrage de la nature», écrivait en 1743 le frère Attiret, jésuite et peintre de l'empereur Qianlong dans ses *Lettres édifiantes*. Le sentier qui conduit au pavillon supérieur entouré de compositions *montagnes lointaines* a aussi disparu, alors que sur le lavis il est très évocateur d'un cheminement vers la *tête du dragon*. Supprimant ou déplaçant quelques arbres, par exemple les cerisiers autour du puits, il a gommé certains effets très importants.

Tandis que le thème *descente du dragon* est clairement lisible dans l'œuvre chinoise, il a complètement disparu de la gravure. Des éléments se trouvent ainsi juxtaposés ayant, dans cette absence de relations, perdu leur sens, du fait que le graveur (qui se voulait fidèle) n'était pas attaché aux symboles qu'ils exprimaient.

C'est à partir de documents de cet ordre que furent édifiés en Europe les premiers jardins anglo-chinois – que l'on nomme parfois seulement «jardins anglais» pour les différencier des jardins géométriques dits «à la française». Il ne faut donc pas s'étonner que les règles traditionnelles du *Fengshui* n'y furent pas appliquées, puisque seul l'aspect formel des jardins impériaux fut transmis, et non leurs raisons d'être.

Les peintures de paysages comme la maquette du jardin Tang (p. 64), la fresque de Bäzäklik (p. 65) manifestent, à travers des époques différentes, la continuelle recherche du site idéal. Il n'y a rien de surprenant à ce que les dresseurs de pierres, Maîtres de Jardins, aient suivi identiquement les règles manipulatoires du *Fengshui* dans le microcosme des Jardins de Longévité.

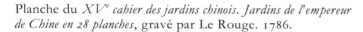

Planche du *XVᵉ cahier des jardins chinois. Jardins de l'empereur de Chine en 28 planches*, gravé par Le Rouge. 1786.

70

En Chine, notre première confrontation avec les Jardins de Longévité se déroula sur la rive Nord du Beihai, par la visite de l'Ermitage du Cœur Tranquille (Jingxinzhai) édifié par l'empereur Qianlong. C'est un jardin assez modeste, sans rapport avec les fastueux aménagements du Palais d'Eté; il avait été conçu comme un lieu de retraite et de méditation dans la manière des jardins de lettrés.

Du jardin mis à plat sur le dépliant distribué avec le ticket d'entrée, nous lisons la représentation devenue familière du dragon tant de fois croisé sous les aspects les plus divers: parfois extrêmement réaliste, parfois suggéré dans le trajet d'un fleuve, dans la structure d'une montagne. Ainsi, avant que de pénétrer en ce jardin, nous savons que nous lui serons confrontés, visualisant déjà sa tête dans l'éminence de l'Ouest que surmonte un pavillon octogonal; puis, sautant jusqu'au pavillon à deux niveaux de l'angle Nord-Ouest, point culminant de l'ensemble, nous voyons la galerie couverte qui permet de longer son échine courbe et de suivre son

mouvement descendant jusqu'au pont de marbre en demi-lune. Nous pouvons encore observer sur le plan, avant de nous perdre dans le dédale des compositions du jardin, la rigueur axiale de·l'alignement Sud-Nord des bâtiments principaux et le traitement différent des deux ponts enjambant le second bassin: celui de l'Est, le pont de marbre, rigoureusement classique et solennel, tandis que la passerelle de l'Ouest, à la base de la tête du dragon, évoque en ses lignes brisées la nonchalance de la promenade. Telle la résidence impériale précédemment évoquée (p. 67), un pavillon ouvert est le centre de la composition, sur l'axe des plans d'eau, en ce point de convergence de toutes les énergies des *Souffles Vitaux* que les rochers, représentation de la montagne, ont canalisées. Ce plan dévoile le double fer à cheval des rochers protecteurs qui, cernant le pavillon, le situe à l'emplacement dit *terrier du dragon*, exactement de la même manière que dans la peinture illustrant l'emplacement idéal de la résidence de l'homme (p. 60).

北 海 静 心 斋 平 面 示 意 图

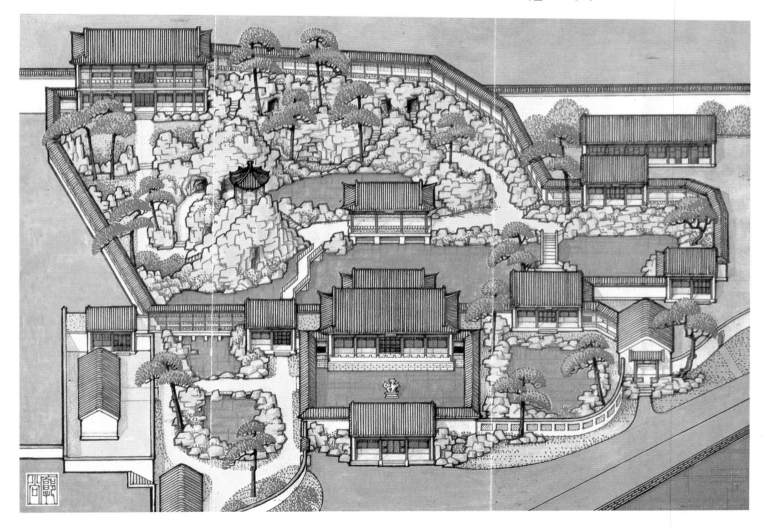

Pékin, Parc du Beihai – Jardin de l'Ermitage du Cœur Tranquille.
Edifié en 1757. Vue vers le Nord-Ouest, le pavillon central et le belvédère.

◁ Pékin, Parc du Beihai – Plan du Jardin de l'Ermitage du Cœur Tranquille (Jingxinzhai).

La montagne et son double

Anonyme, des Song. Mille pics et dix mille ravins.
Rouleau sur papier.

«J'ai cherché sans trêve des cimes extraordinaires, j'en ai fait des croquis, monts et fleuves se sont rencontrés dans mon esprit, et leur empreinte s'y est métamorphosée, en sorte que finalement ils se ramènent à moi, Dadi», écrivait Shitao[5]; Guo Xi, peintre et théoricien du début du XIe siècle, rappelait qu'il «faut encore que l'artiste, en voiture ou à cheval, sillonne de ses voyages une bonne moitié de l'Univers, et alors seulement il pourra prendre le pinceau».[6]

Artiste inspiré ou lettré sensible, le dresseur de pierres en familier de l'Univers Chine aimait évoquer les sites célèbres et célébrés par les poètes. Un dragon de pierres pour un Jardin de Longévité, une montagne d'un peintre inconnu de la dynastie Song. Nous ne savons s'il s'agit de l'expression d'un même paysage mais nous remarquons que le thème est identique: celui du sommet de la montagne et sa répétition sous la forme d'un rocher situé à sa base. Sur la peinture il surplombe quelques constructions, il est le dernier élément de la montagne mère, dont il reproduit la silhouette, à la lisière du plateau. Dans la composition du Xiaopangu (p. 77) il est l'enfançon, dernier maillon de la danse cosmique. Dans les deux cas il a pour rôle d'approcher l'homme des forces du sommet.

L'identification de la pierre à la montagne est l'un des thèmes courants des Traités à l'usage des peintres (on en dénombre à ce jour plus de huit cents). Dans l'un d'eux, un auteur du XVIIIe siècle s'étendant longuement sur les différentes manières de dessiner les pierres, concluait: «Pour dessiner une montagne c'est la même chose.» Ce que Shitao exprimait en ces termes: «L'homme peut restituer en miniature une entité plus grande sans rien en perdre: du moment que l'esprit s'en forme d'abord une vision claire, le pinceau ira jusqu'à la racine des choses.»[7] C'est-à-dire, selon les commentaires de Pierre Ryckmans, «l'idée est que la peinture constitue, par rapport à l'Univers, ce que le microcosme est au macrocosme»[8].

Peintre génial, Shitao avait à Yangzhou également créé des jardins dont il reste quelques vestiges; souhaitons qu'un jour ils soient restaurés. Ne s'exprimant plus par l'encre et le pinceau mais par des matériaux empruntés à la nature, les dresseurs de pierres recherchaient et exprimaient, eux aussi, l'identité entre l'infiniment grand et l'infiniment petit; entre la structure de l'Univers et celle de la Matière.

Lu Guang, des Yuan. Pavillons et monastères dans
la montagne des Immortels. 1331. Rouleau sur soie.

75

Couronné d'un kiosque, au Jardin de l'Ermitage du Cœur Tranquille (Jingxinzhai) le dragon se déploie, il occupe tout l'espace; sa descente ritualisée près de la résidence de l'homme n'est pas toujours aussi clairement exprimée, elle peut être aussi seulement suggérée par un seul élément dans lequel le Tout s'exprime. De celui qui se dresse, altier, au Jardin de la Petite Vallée Serpentine (Xiaopangu), à Yangzhou, tel le dragon de la fresque de Bäzäklik (p. 65), seules la tête et la partie antérieure du corps semblent surgir des eaux – sont-elles marines, sont-elles fluviales? – d'un bassin.

Les rochers érodés, taraudés, extraits du lac Tai, ont été composés, amalgamés par le dresseur de pierres pour exprimer la force tourbillonnante du dragon; les pierres n'ont pas été taillées mais choisies pour leur texture, l'expression de leurs veines. Et l'on sent surgir ce dragon bondissant, gueule ouverte, yeux exorbités; il porte sur son dos un kiosque hexagonal. Il surgit, il survole, il domine. Sa tête dépasse le niveau des toits, il imbibe l'espace de ses effluves bénéfiques, son mouvement esquissé enveloppe un petit pavillon au ras de l'eau, toujours situé en ce même point de concentration.

Il est pour ainsi dire démesuré, gigantesque, presque insaisissable; il le serait en vérité si n'apparaissait en son giron, au-delà d'une passerelle qu'il domine, son exact portrait, enfançon fait d'une pierre rapportée, de différente texture, pierre de montagne ou de torrent. Enfant ou double de lui-même qui déverse sur le promeneur longeant l'imposante composition, les mêmes flux d'énergie.

◁▽ Yangzhou – Jardin de la Petite Vallée Serpentine (Xiaopangu).

Chen Luo, fin des Ming.
Le lavage de la pierre à encre. Rouleau sur papier.

Le lettré poète Mi Fu (1051-1107) fut, dit-on, le plus fin connaisseur en matière de pierres; sa passion pouvait le conduire aux plus grandes folies. Lorsque, nommé magistrat dans le district de Wu Wei en 1105, il pénétra pour la première fois dans l'enceinte officielle, son attention fut immédiatement captée par le magnifique rocher qui ornait le jardin. Oubliant alors tous les usages de l'étiquette, il ne salua personne, mais s'inclina profondément devant la pierre qu'il nomma, en respectueux hommage, «Shixiong», c'est-à-dire «Frère Aîné le Rocher». Vraie ou inventée, l'anecdote traversa les temps et devint un thème favori des peintres lettrés qui se complurent toujours à accorder les plis de sa robe et la texture de la pierre. La communion entre l'homme et le rocher fut une constante dans l'expression picturale: identiques sont, dans l'œuvre de Chen Luo, la silhouette du petit personnage au bord de la rivière et celle de la falaise qui le domine.

L'HOMME ET LES PIERRES

L'hommage de Mi Fu à la pierre. Planche du *Manuel de peinture du jardin pas plus gros qu'un grain de moutarde* de Wang Gai. 1679.

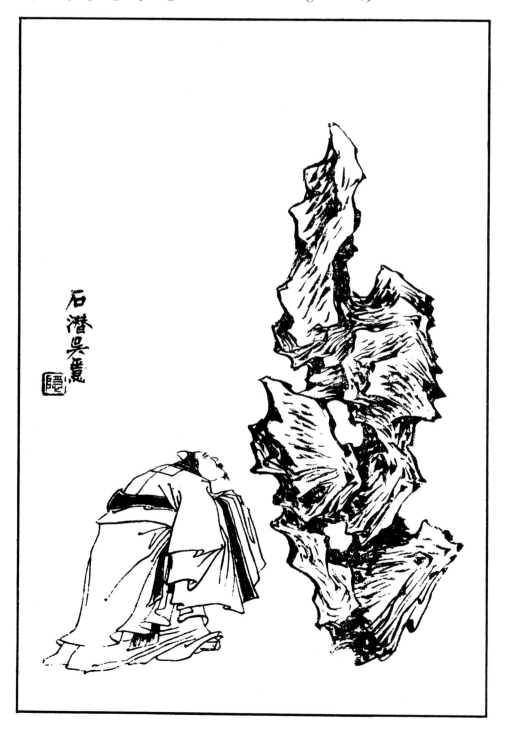

Le lettré en son jardin

Suzhou – Panneau de boiserie de l'ancienne demeure du roi des Taiping, aujourd'hui Musée municipal.

Le lettré, en chinois *wenren*, est littéralement l'homme, *ren*, des «signes», *wen*. A l'origine, *wen* a le sens de veine, fracture, signe, il est à rapprocher du caractère *bu*: fissures divinatoires. Il prend ensuite le sens de composition littéraire, de culture, de civilisation; il désigne également le pouvoir civil opposé à *wu*, le pouvoir militaire. Dans les temps pacifiques, dans les provinces pacifiées, le pouvoir appartenait aux *wenren*.

La classe des lettrés, fonctionnaires d'état, prit naissance entre les IVe et IIIe siècles avant l'ère chrétienne, lorsque les fonctions palatiales ne furent plus exercées de manière héréditaires par la noblesse. Sous les Han, la hiérarchie sociale est déjà très élaborée, le pouvoir des grandes familles de propriétaires fonciers est renforcé dans une volonté évidente de freiner les ambitions de la classe montante des grands marchands qui, malgré une puissance économique réelle, restait au bas de l'échelle

sociale. Dès cette époque le lettré-fonctionnaire est, à tous les niveaux et quelle que soit son origine et ses moyens de fortune, recruté par voie d'examens sur la base de l'étude des «classiques» Cinq Livres, ou sur l'un d'entre eux suivant les périodes. Il est versé dans les principes de philosophie, la littérature savante, la musique, la poésie et, puisqu'il manie les signes, dans l'art du pinceau; il s'adonne dans la mesure de ses moyens aux collections de livres et d'objets d'art.

Du monde religieux de la Chine ancienne se dégage un certain nombre de notions fondamentales que le sinologue Marcel Granet appelle «le fond de la pensée chinoise», déjà bien formé à l'époque des Zhou. Les premières philosophies chinoises y puiseront leurs inspirations; à partir des deux ou trois derniers siècles avant l'ère chrétienne, aussi bien la religion taoïste que le système confucianiste tireront leurs concepts fondamentaux, sur lesquels se grefferont plus tard quelques apports de religions étrangères dont le Bouddhisme sera la plus représentativement influente.

Conscient que le pouvoir aristocratique fondé sur des prétentions héréditaires conduisait à la faillite, Confucius préconisait la mise en valeur d'une autorité morale empreinte de valeurs «religieuses»: le souverain, Fils du Ciel mandaté, se doit de savoir régler sa propre conduite sur l'ordre cosmique – les désordres naturels pouvant être imputés à de médiocres gestions impériales. Visionnaire en son temps, Confucius avait parcouru tout le territoire, rencontré les potentats afin de les convaincre de la justesse de ses vues, sans grand succès; il reprit alors le chemin de son pays natal, le royaume de Lu, et se consacra à l'enseignement. Ses doctrines furent reprises et complétées par d'autres philosophes dont l'idéaliste Mengzi; Xunzi qui, lui, rejetait tous recours aux facteurs religieux et irrationnels, considérant que l'ordre social était une nécessité imposée par la vie en commun et la division du travail, en accord avec Confucius, pensait qu'il était vain d'imposer l'ordre par les lois mais que la seule manière de gouverner était de régler les mœurs par l'éducation; puis l'Ecole des Légistes prônant que la morale est impuissante à gouverner la société et qu'il fallait imposer le système des récompenses et des peines, en souhaitant que ces dernières n'aient pas à être appliquées.

Tang Yin, des Ming (1470-1524). Tao Gu offre un poème à chanter. Rouleau sur soie.

Suzhou – Jardin du Bosquet du Lion (Shizilin).

Dès le IIᵉ siècle avant notre ère, les milieux dirigeants étaient tout aussi soucieux d'établir une orthodoxie confucéenne que passionnés par les conceptions et les techniques taoïstes. L'autorité morale et la pensée rationnelle, bases du gouvernement, coexistaient avec l'Ecole Taoïste qui conservait à la fois un héritage de pratiques magiques et religieuses promettant une immortalité toute physique et soutenait, selon les théories philosophiques et mystiques des grands maîtres tels Laozi et Zhuangzi, que toute ambition politique, tout souci de la chose publique n'étant que vanité, le destin de l'homme était de s'unir, au terme d'une ascèse difficile, au Tao, principe de l'Univers.

Confucianiste par fonction, le lettré suivait les obligations liées à sa charge; la dévotion aux ancêtres avait pour corollaire de fonder une famille et de s'assurer une descendance. Mais également imprégné des doctrines taoïstes teintées de Bouddhisme, il trouvait dans la poésie et la musique des moyens d'évasion; il restait à la recherche des *Souffles Vitaux* et des moyens de s'en pénétrer, aimant à séjourner dans la proximité des montagnes et des eaux, lieux idéalement chargés d'effluves bénéfiques. Ne pouvant séjourner plus que trois ou quatre ans dans un même poste, il était voué à de fréquents déplacements et mettait à profit ces longues randonnées imposées pour visiter les sites les plus célèbres de l'Empire. Poésies et peintures ont porté témoignage, au cours des siècles, de ses errances et aspirations. Dans ses mémoires: *Six récits au fil inconstant des jours*, Shen Fu, modeste lettré de la fin du XVIIIᵉ siècle, parlant de sa vie, de ses rêves, de ses voyages, nous transmet un portrait du lettré qui depuis plus de mille ans ne semblait s'être guère modifié. Que son domaine ait été une luxueuse résidence ou une humble demeure, le lettré a tenté de reconstituer cette vision d'un univers libéré des contraintes sociales en aménageant l'espace de son jardin, c'est-à-dire en dressant des pierres.

You Qiu, des Ming (XVIᵉ siècle).
Réunion de peintres et de lettrés à la fin
des Song du Nord. Rouleau sur papier.

Cette réunion eut lieu à la fin des Song du Nord
dans la résidence de Wang Shen, le gendre de
l'empereur. Li Gonglin, qui était présent, en fit un
tableau, aujourd'hui perdu, que Mi Fei commenta.
En confrontant le tableau de You Qiu au texte
de Mi Fei, il est possible d'identifier les
personnages :
1. Le taoïste Chen Bixu
2. Qin Shaoyou
3. Wang Shen
4. Su Dongpo, écrivant un poème sur un rocher
5. Li Gonglin
6. Mi Fei
7. Wang Zhongzhi
8. Yuantong Dashi
9. Liu Juji
Le texte de Mi Fei mentionne 16 participants,
You Qiu n'en a représenté que 11 mais, s'il n'est
pas fidèle à la lettre, il est resté fidèle à l'esprit
du texte.

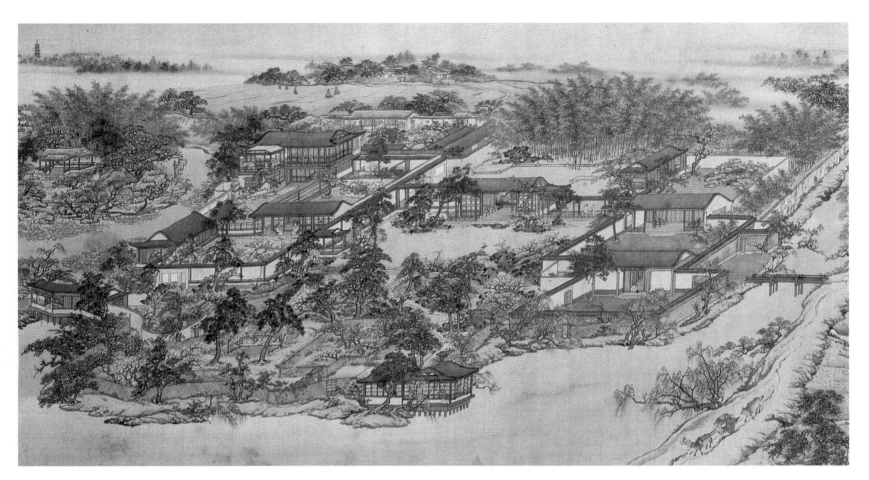

Yuan Jiang, des Qing. Paysage du Jardin de l'Est.
Détail d'un rouleau sur soie.

Espaces clos et visions lointaines

Suzhou – Jardin du Maître des Filets de Pêche (Wangshiyuan).

Espaces clos pour la restitution de visions lointaines, de paysages visités, de réminiscences poétiques ou picturales, les jardins de lettrés étaient situés en zone urbaine, dans les régions de plaines ou de bas plateaux, plutôt qu'au pied de hautes montagnes. Ils étaient donc une évocation très intellectuelle de la notion de nature, des «Montagnes et Fleuves» 山川 première dénomination de la peinture de paysage, avant qu'on ne l'écrive «Montagne et Eau» 山水.

Edifiés par leurs propriétaires et à leur image, les jardins de lettrés reflétaient leurs contradictions, c'est-à-dire que s'y juxtaposaient les fonctions requises par la vie familiale (au sens très large du terme), la vie sociale et le besoin d'une échappatoire rêveuse ou méditative, telle qu'on peut se l'imaginer en visitant le Jardin de la Longévité Tranquille que se fit construire l'empereur Qianlong dans l'enceinte de la Cité Interdite, lieu voué uniquement aux plaisirs esthétiques d'un monarque.

Jardins, doubles de l'homme d'un autre temps, que le visiteur contemporain doit absorber dans le temps restreint d'une visite ponctuelle; territoires que des lettrés avaient mis en œuvre et composés pour une jouissance de tous les instants, suivant des états d'âmes, des obligations sociales, année après année et dans le déroulement des cycles saisonniers. Jardins d'une vie en quelques heures parcourus.

Pour retrouver quelques bribes de cette ambiance surannée, entre le collectif et l'individuel, il suffit pafois de peu : séjourner par exemple dans un hôtel tranquille, comme celui situé près de Wuxi, non loin de Suzhou, qui domine le lac Tai et dont le jardin se développe en contrebas de l'édifice de style occidental. Il évoque dans sa composition, sans d'ailleurs aucune intention marquée de reconstitution de jardins célèbres, l'ambiance des jardins privés d'autrefois. Du kiosque posé sur l'étang, dans le crépuscule d'un printemps déjà chaud, écouter le discours amoureux des grenouilles ; d'un autre caché dans les bosquets, le chant matinal des oiseaux. Saisir à la nuit presque tombée la luisance noire des pousses de bambous qui percent vigoureusement la terre, en percevoir presque la croissance fulgurante ; par les cheminements ondoyants d'un terrain vallonné, sentir les multiples fragances d'arbres et d'arbustes en pleine floraison tandis que les silhouettes courbées balaient encore les feuilles de l'hiver entassées dans de larges paniers qui ressemblent à des nasses... quelque part des cris d'enfants... des jeux de balles... Et l'hôtel, vaste comme un transatlantique, n'existait plus. Halte qui permettait de reprendre avec un esprit de sérénité le chemin vers les jardins de lettrés, avec l'impression d'avoir partagé quelques-unes de leurs précieuses passions.

Comme sa charpente articulée pour résister aux secousses sismiques, la résidence chinoise est un jeu d'articulations qui joue avec les différentes fonctions attribuées. Ce jeu entre plusieurs corps de bâtiments permet la création de petites cours et de jardins intimes. Et comme la résidence, le jardin ne semble pas avoir été créé pour donner une vision d'ensemble, mais au contraire procurer une succession de vues partielles. Bien que certains jardins semblent au premier regard se développer dans une certaine continuité autour d'un bassin, ils ne sont en aucun cas « panoramiques », et les photographier avec un objectif grand angle devient un complet détournement de la représentation spatiale qu'ils proposent. Tout est au contraire organisé afin que, dans chaque déplacement, les compositions – ou leurs détails – dans un premier temps masquées, soient une mise en valeur, en des jeux d'oppositions et de contrastes presque graphiques. Mais il s'agit toujours de contrastes subtils, de douces oppositions qui ne prennent de réelle existence qu'en des heures particulières, qu'en de précises saisons.

Pékin, Parc du Beihai – Jardin de la Retraite de la Barque Peinte (Huafangzhai). Edifié en 1757, en cours de restauration.

Guo Xi, des Song (vers 1020-1090). Début du printemps. 1072.
Rouleau sur soie.

Pékin, Cité Interdite – Jardin du Palais de la Longévité Tranquille.
Vue depuis le belvédère de la Très Haute Beauté.

Yangzhou – Jardin du Temple dédié à Shi Kefa (Shigongci).

Yangzhou – Jardin de la Petite Vallée Serpentine.

Mouvements et cadrages

Distorsion des temps, distorsion des espaces... Quinze minutes d'entracte au cours d'un spectacle et mille ans passèrent; trois enjambées pour passer de l'aube au crépuscule. Mais le visiteur acharné braque l'œil et l'objectif lorsque le soleil parvient au zénith sur le mur blanchi pour accrocher la laiteuse luminescence de la lune.

Dans leurs articulations brisées les passages couverts, avant de conduire vers les pièces majeures, ménagent par leurs détours la vision de compositions plus intimes. Ils sont une frontière indécise entre le public et le privé, mais c'est encore le privé «domestique», celui qui appartient au clan, à la famille. Ils s'appuient d'un côté sur un mur ponctué de percées laissant passer l'air, le *Souffle Vital*, et retiennent le regard en de fugitives apparitions cadrées et parcellarisées en des oculi successifs, aux formes géométriques qui peuvent dévoiler la gracilité féminine d'une pierre dansante, aux formes molles, végétalisantes, encadrant des compositions d'une verticale rigueur.

Cette sophistication des angles de vision des jardins de la région de Suzhou allait influencer la con-

Pékin, Parc du Beihai – Jardin de l'Ermitage du Cœur Tranquille.

ception même des jardins chinois dans tout l'Empire. N'étant pas exempts d'une certaine «mise en scène», ils influencèrent également certains aspects du théâtre. Décorum et transparences qui permettent par ailleurs une excellente intégration entre l'extérieur – cette nature reconstruite – et l'intérieur – la zone d'abri – mettent également en évidence la difficulté d'un isolement de l'individu tel qu'il est compris dans les conceptions occidentales contemporaines.

Lorsque quittant les passages couverts, on pénètre dans l'univers minéral du jardin, se retrouvent d'autres percées, d'autres cadrages pour mettre en valeur des visions plus lointaines: un espace vide entre deux pierres pour apercevoir les toits de la Pagode des Dix Bouddhas (p. 88).

Yangzhou – Jardin du Temple dédié à Shi Kefa.

Suzhou – Jardin du Pavillon de la Vague (Canglangting).

S'adressant à ses étudiants, M. Chen Congzhou, professeur d'histoire de l'architecture à l'Université Tongji de Shanghai, insiste sur les deux types de vision que doivent engendrer les jardins : *la vision d'un point fixe* et *la vision dans le déplacement* que nous avons effleurées en traitant des articulations et des cadrages. Pour expliquer les sensibles nuances que l'œil enregistre et que l'esprit n'analyse pas toujours, bien qu'elles soient à la base des règles de compositions en trois dimensions, il met en relation l'observation d'un paysage naturel et la manière de regarder une peinture : «Vous arrêtant dans la montagne pour admirer un paysage, vous êtes dans le même état de réceptivité que si vous contempliez une peinture (un rouleau vertical). Marchant dans la montagne, vous observez le paysage comme si vous dérouliez devant vos yeux une longue peinture horizontale. Dans le premier cas,

votre intérêt se porte sur les aspects particuliers de la scène : c'est *la vision d'un point fixe*; dans le second, il se porte sur la continuité du déroulement : c'est *la vision dans le déplacement*. Ainsi, le jardin doit être conçu afin de privilégier tour à tour l'un et l'autre type de vision.

»*La vision d'un point fixe* donne animation aux éléments : course des nuages, courant de l'eau, vol des oiseaux, chute d'un pétale – dans le jardin la dynamique des pierres devient également perceptible. Inversement, *la vision dans le déplacement* rend immobiles les rochers, les arbres, le ciel, le courant semble stagner. C'est de ces jeux, de ces interactions que naîtra une infinité de changements de vision conduisant à la beauté naturelle»[9] et, ajouterons-nous, rendra dans l'espace clos du jardin le possible choix de percevoir le mouvement de l'Univers ou d'évoquer le voyage.

Suzhou – Jardin de la Promenade Nonchalante (Liuyuan).

Suzhou – Jardin du Bosquet du Lion.

Zhang Ruoai, des Qing (1713-1746).
Personnage dans un paysage de neige.
Rouleau sur papier.

Cette peinture illustre le thème du Taoïste aux pieds de fer, dont on dit qu'il marchait pieds nus sur la neige en mâchonnant des fleurs de prunier mélangées à la neige «pour mieux parfumer et refroidir ses entrailles».

Dallage des eaux rassemblées

Ceinte de murs, la résidence refermée sur elle-même était un monde en soi, développant une quantité de passages, de voies intérieures et domestiques, et de secrets jardins que le visiteur moderne ne visiterait guère, ou négligerait complètement si, comme dans le cas du Jardin du Maître des Filets de Pêche de Suzhou, l'accès au grand jardin ne se faisait par une porte presque dérobée, au Nord de la résidence. C'est ainsi que l'on découvre cet espace intimiste et sans «recul» dont les compositions de pierres ont été conçues pour être vues depuis les pièces d'habitation, à travers les croisées.

Quelques pierres pour un jardin intime, contemporaines de cette peinture illustrent le thème classique du promeneur solitaire venu au pied de la montagne se ressourcer aux courants bienfaisants. A la similitude des formes de la montagne et de ce rocher, pierre dressée et montagne lointaine, nous pouvons superposer celle d'un thème, ne doutant pas que le spectateur se projette en pensée, devenu le promeneur solitaire, au pied de ce rocher où, entre les deux pierres couchées, le torrent se divise. Les longues herbes inclinées évoquant la chute d'eau chargée du *Souffle Vital*, ici dallage des eaux rassemblées.

Fait de petits galets ronds de rivière, le dallage est la représentation d'un plan d'eau dont il évoque les mouvances par des motifs d'inspiration géométrique, florale ou par la représentation d'animaux réels ou mythiques (dragons ou phénix) ou par tout autre motif pourvu qu'il suggère le mouvement. Les jardiniers mosaïstes contemporains, même s'ils n'en savent plus le sens, en ressentent la nécessité lorsqu'ils incrustent des représentations de bicyclettes ou d'automobiles parce que l'eau sans mouvement, même exprimée par des pierres, est porteuse des miasmes de la maladie et de la mort.

Ainsi quelles que soient les dimensions du jardin, l'importance de ses compositions de pierres, les mêmes intentions se retrouvent dans la continuité du temps. Mais si, plus que d'autres visiteurs, nous nous sommes attardés devant ces modestes pierres, c'est que nous nous retrouvions brusquement devant un paysage presque familier, celui des *kare san sui* ou jardins «secs» des monastères de Kyôto.

Suzhou – Jardin du Maître des Filets de Pêche. Cour Nord-Est.
Sol de galets, motif aux fleurs de prunier.

Yangzhou – Jardin de l'Ermitage où l'on peut pousser son cri
(Jixiao Shanzhuang). Dallage.

L'argile cuite devient brique
le bois brûlé devient charbon
le nid des abeilles devient cire
l'écume des liquides devient pierre.
Le tout résulte de la transformation
du tendre et de l'instable
en dur et en solide.

Ge Gong, alchimiste du IVe siècle.

LA GRANDE RÈGLE
DE LA MÉTAMORPHOSE
DU MONDE

Jin Tingbiao, des Qing. Le son des flûtes sur les barques des Immortels. Rouleau sur papier.

Le printemps fugace

Pékin, Cité Interdite – Jardin du Palais de la Longévité Tranquille.
Le ruisseau «pour y faire flotter les coupes» sur le sol du porche
du pavillon de la Cérémonie de la Purification.

L'influence du Taoïsme et du Bouddhisme devait très tôt favoriser le développement d'un genre poétique qui exprimait sur un ton plus personnel les sentiments de l'homme face à la vie et à la Nature, dans une observation sensible au temps selon le rythme des saisons; de cette poésie allait naître la peinture de paysage.

Dans la peinture des scènes des quatre saisons, l'atmosphère varie, chacune ayant son climat propre; il s'agit donc d'observer et d'analyser le temps et la saison. [Cependant] les variétés d'atmosphère ne sauraient se limiter au simple schéma des quatre saisons. (Shitao, chap. XIV.)

Des émotions poétiques glanées pendant des voyages à travers un pays grand comme un continent, les lettrés, par leurs fonctions, grands arpenteurs du paysage Chine et nourris de culture ancienne, se donnèrent pour tâche plaisante, dès qu'ils se fixaient en un lieu, de reconstituer, selon leur état de fortune, par des compositions de pierres ou par quelques cailloux, l'essence des paysages qu'ils avaient visités.

L'antique tradition perdure de visiter certains sites célèbres en de précises périodes de l'année, c'est-à-dire au moment où végétation et lumière parachèvent leur naturelle beauté ou bien, s'ils furent les témoins de quelque événement historique ou légendaire, dans la période de leur commémoration.

En son Jardin de la Longévité Tranquille de la Cité Interdite, l'empereur Qianlong avait fait creuser, dans une dalle de pierre sous l'abri d'un pavillon ouvert, les méandres du célèbre ruisseau sur les rives duquel le célèbre calligraphe Wang Xizhi (307-365) avait réuni quarante amis lettrés pour une aimable beuverie qui s'acheva par un concours de poèmes improvisés afin de célébrer le printemps.

Si, dans tout jardin, le rôle de la végétation est d'évoquer la course annuelle des saisons, dans celui du lettré «la grande règle de la métamorphose du monde» s'exprimera également dans le jeu des pierres, à la fois paysage et saisons.

Dans les systèmes de correspondance entre les Eléments, chaque saison a son orient, son élément, sa couleur; en poésie elle est symbolisée par une fleur:

Suzhou – Jardin du Maître des Filets de Pêche.

HIVER / NORD / EAU /
Le noir (d'un lieu sans soleil) /
LA FLEUR DU PRUNIER

N

AUTOMNE / OUEST / MÉTAL /   PRINTEMPS / EST / BOIS /
Le blanc (soit le vide, lorsque le soleil se couche) /   O———E   Le bleu-vert /
LE CHRYSANTHÈME   LA FLEUR DE PÊCHER

S

ÉTÉ / SUD / FEU /
Le rouge du feu solaire /
LE LOTUS BLANC

Du printemps, événement fugace et brutal, issue flamboyante d'une longue gestation, reste le désir de conserver l'éphémère jaillissement et de s'en emplir le regard lorsque le temps s'est enfui, que les fleurs sont fanées. Ainsi les pierres du printemps sont-elles plutôt claires et graciles à la limite de la fragilité; placées de manière à être éclairées par le soleil levant, outre les fleurs et les arbustes, un bosquet de bambous les complète. Bambous aux feuilles bruissantes dont la couleur, entre le bleu et le vert, est la couleur du printemps. Mais bambous sont aussi certaines pierres fuselées d'un gris verdâtre qui, groupées au milieu d'un massif de bambous véritables, apparaissent aussi insolites et disproportionnées que les jeunes pousses qui percent la terre. Nous retrouverons plus loin ces pierres qui portent également l'évocation de la «montagne lointaine» dans la partie Ouest du Jardin de l'Ermitage du Cœur Tranquille (Jingxinzhai) où, comme toutes pierres se rapportant au printemps, elles reçoivent ainsi situées les premiers rayons du soleil. Certaines compositions réunissent en des pierres différentes d'aspect le printemps et l'hiver (p. 15) dans le jeu des contraires, la véritable opposition n'étant pas tant entre l'hiver, *Yin*, et l'été, *Yang*, qu'entre l'hiver, marquant la fin du cycle descendant du dragon, et le printemps, début de son cycle ascendant dans la progressive croissance de l'élément *Yang* qui dans l'été trouvera son plein épanouissement.

◁ Pékin, Cité Interdite – Jardin impérial.

▷ Suzhou – Jardin de la Promenade Nonchalante.

▽ Suzhou – Jardin de l'Harmonie (Yiyuan).

Les montagnes de l'été

La composition de l'été est l'un des éléments majeurs tant par son développement grandiose que par les symboles supportés tout autant dans la vision immobile que dans le mouvement, dans un plan éloigné que dans un plan plus que proche puisque nous verrons que cette composition est aussi conçue (elle est la seule de cette espèce) pour être pénétrée.

Dans la Chine agraire l'été est un moment d'intense activité; pour le lettré, que le climat soit continental ou tropical, c'est une saison éprouvante: le moindre geste accable, la ville est moite; si le lettré ne peut s'en échapper, il se prend à rêver de lieux frais et ventilés, de la fraîcheur des montagnes. Mais seuls quelques privilégiés pouvaient se permettre de faire figurer cette saison dans le jardin: elle a besoin d'un grand espace et d'un minimum de mise en scène dont le plan d'eau n'est pas le moindre.

Plus qu'une représentation de la montagne, la composition de l'été est une rocaille monumentale, une muraille rocheuse constituée par des pierres assemblées de manière à créer un relief très accentué. Que les pierres soient comme à Suzhou, et dans certains jardins impériaux, originaires du lac Tai ou, comme à Yangzhou par exemple, pierres de montagnes moins baroques, elles portent toutes les traces de l'érosion. Par son emplacement dans le jardin, cette composition se confond parfois avec la barrière de protection contre les courants néfastes du Nord dont toutes les résidences doivent, selon les préceptes du *Fengshui*, se préserver.

La dominante verticale des éléments plus ou moins saillants et leurs teintes claires, à la limite de la blancheur, rappellent que l'été est en correspondance avec le Sud, le plein midi, lorsque le soleil darde ses rayons au zénith; avec l'élément Feu; et que le lotus blanc, la fleur de l'été, flotte dans le

Suzhou – Jardin du Bosquet du Lion.

Yangzhou – Jardin de la Petite Vallée Serpentine.

bassin où la muraille se mire. Le rouge – cinabre des magiciens taoïstes – est la couleur de l'été, mais on dit aussi d'un métal porté à incandescence qu'il est chauffé à blanc.

La mise en scène offre au spectateur d'abord la vision lointaine puisque par les nécessités de l'orientation, il sera séparé de la composition par le plan d'eau. Cette vision lointaine n'offre guère d'intérêt dans le déplacement, elle se fait d'un point fixe: pavillon ou résidence et elle devient «image» de l'été lointain, principalement en hiver lorsque le froid, qu'il soit sec ou humide, s'infiltre et fait frissonner. La vision réchauffe en quelque sorte l'esprit, sinon le corps. Dans cette vision lointaine et contemplative, par le jeu des oppositions entre l'ombre et la lumière, par le reflet tremblé du miroir de l'eau qui double sa hauteur, la composition se rapproche d'une peinture de paysage. Et de même que la peinture de paysage, elle autorise le voyage mental dans l'intérieur de la montagne.

Le paysage de montagne peint par Wang Yun suit la partition classique en trois registres des

Yangzhou – Jardin Isolé (Geyuan).
Composition de pierres au Nord de l'étang.

Pékin, Parc du Beihai – Jardin de l'Ermitage du Cœur Tranquille. Compositions de pierres au Nord du bassin.

Yangzhou – Jardin Isolé. Compositions de pierres au Nord de l'étang.

Yangzhou – Jardin Isolé.

peintures verticales. Nous le rapprocherons de la composition de l'été, non pas qu'il suggère réellement cette saison mais parce que le thème de personnages situés à l'orée des grottes ou sur le point de s'y rendre, rappelle que l'été est la saison la plus favorable aux excursions dans les cavités de la montagne. Certaines de ces cavités et de ces grottes furent le refuge d'êtres mythiques ou historiques s'étant singularisés par leur marginalité, leur désir de rompre avec le siècle pour parvenir à la sagesse, à l'immortalité ou, plus prosaïquement, fuir certaines répressions, concocter des révoltes.

Conversation sur la Vérité dans une grotte de jade. Gravure sur bois d'après une peinture de Wang Qiaoyun, extraite du *Yuchuyi*, recueil d'histoires extraordinaires des Ming. 1606.

De même que sur cette peinture on discerne mal le sentier qui mène à la grotte du registre supérieur, au lieu où un saint homme fait ses dévotions au Bouddha, nul chemin ne paraît, au premier regard, conduire vers la composition de l'été. Il faut pour s'y rendre contourner une grande partie de la rive du bassin. C'est entre deux replis de la muraille rocheuse, dans une partie masquée qui reste à découvrir, qu'une béance dans la roche permettra la pénétration de la montagne. Arrivé à ce point, le spectateur se trouve réellement à la jonction de deux territoires, à la limite des forces solaires et des forces souterraines. Il touche cette peau de dragon, ces veines externes de la terre, il commence à sentir les airs frais de l'ombre. Lorsque ses yeux se sont accoutumés à la pénombre, il saisit, dans le jeu de reliefs internes, les formes inquiétantes ou apaisantes des sages, des Immortels ou des génies qui pourraient en surgir.

Wang Yun, des Qing
(1652-1735).
Paysage. Rouleau sur soie.

105

106   Yangzhou – Jardin de l'Ouest (Xiyuan) du Temple de la Grande Lumière (Daming si). Falaise au bord de l'étang.

Suzhou – Jardin de l'Ouest. Triade bouddhique dans la salle de prières du monastère bouddhiste Jiedonglu. Bois doré.

Pékin, Cité Interdite – Jardin impérial.
Evocation de cavernes.

La première voie d'accès du Bouddhisme vers la Chine fut celle des caravanes cheminant à travers les oasis de l'Asie centrale depuis la vallée de l'Indus. La doctrine qui se propageait n'était déjà plus celle du Bouddhisme des origines et l'art qu'elle véhiculait avait déjà subi des influences iraniennes et hellénistiques. En même temps que la statuaire, la technique architecturale des sanctuaires rupestres, dont les grottes de Bâmyân, au Nord-Est de Kaboul, restent l'un des plus célèbres témoignages, pénétra dans la Chine du Nord entre les Ve et VIIIe siècles; c'est en 366 qu'auraient débuté les premiers travaux des grottes des Mille Bouddhas creusées près de Dunhuang. Les grands sites de Longmen, Maijishan, Binglingsi, Yungang et Dunhuang ont d'une certaine manière influencé toute la statuaire des temples: les bouddhas, les bodhisattvas et tous les personnages du panthéon bouddhique sont, en Chine, le plus souvent représentés dans un environnement sculpté, qu'il soit de pierre, de bronze ou de bois, qui évoque cette ambiance rupestre. Dans le Jardin de l'Ouest du Daming si, la haute falaise artificielle développe à sa base de vastes zones d'ombre suggérant à la fois la profondeur de la montagne et les niches ornementales abritant les Bouddhas; certaines compositions de pierres du Jardin du Palais impérial les suggèrent également. Ces jeux contrastés de la lumière et des ombres qui permettent à l'imagination de peupler ces anfractuosités de Saints et de Sages, ne sont pas sans rappeler que dans le Bouddhisme des origines il était de règle de ne représenter que l'environnement ou les attributs du Maître: dans les premiers bas-reliefs, un cheval harnaché mais sans cavalier qu'un serviteur, portant une ombrelle, accompagnait, signifiait l'invisible Présence.

Les promenades de l'automne

«Quand la gelée blanche commence à se déposer (au neuvième mois lunaire), tous les travaux (agricoles) s'arrêtent.»[10]

Les fortes chaleurs se sont maintenant apaisées; l'accumulation *Yang* donne naissance au *Yin*, le temps n'est déjà plus à la recherche des retraites ombragées, bien au contraire s'amorce celui des derniers parcours dans la montagne dans une sorte d'exaltation du désir que ne finisse pas cette belle saison trop éphémère. Dans la Chine ancienne l'automne était avec le printemps le temps des accordailles, leurs conclusions, la suite des rendez-vous du printemps; pouvait alors régner une ambiance relativement frénétique. Oui, les derniers instants de la belle saison qu'il fallait savourer. «La Fête du Double Neuf: comme son nom l'indique, tombe le neuvième jour du neuvième mois lunaire. C'est une des plus anciennes fêtes traditionnelles; sa signification et son origine sont assez obscures; il semble qu'elle commémore la manière dont une population ancienne aurait échappé jadis à un cataclysme naturel en se réfugiant au sommet d'une montagne. Quelle que soit sa signification initiale, le rite est resté, et aujourd'hui encore, à la date du Double Neuf, on fait l'ascension d'une montagne, d'une colline ou de tout lieu élevé avoisinant l'endroit où l'on vit. Cette fête est devenue, elle aussi, un agréable prétexte à excursions et pique-nique.»[11]

Dans le jardin, les pierres de l'automne ont été dressées pour évoquer le temps des promenades sur les hauteurs, lorsque est déjà devenu lointain le désir des retraites ombragées et que se fait sentir celui de se rapprocher des derniers feux du soleil avant la venue de l'hiver. Quelles que soient ses dimensions (au Geyuan c'est un véritable massif, au Shigongci elle est plus modeste), la composition de l'automne suggère l'escalade; entre les escarpements rocheux aux arêtes vives se dissimulent des degrés de pierres taillées qui permettent d'accéder jusqu'au sommet en replat. C'est en fin d'après-midi qu'elle est le mieux mise en valeur par la lumière, lorsque le soleil rougeoie et que les ombres portées accentuent les modelés anguleux, font naître des gorges profondes, des ravins sans fond. Dans la vision lointaine, c'est ainsi toute la masse qui fait resurgir les souvenirs des merveilleuses excursions de l'automne.

◁△ Yangzhou – Jardin Isolé. Les montagnes de l'automne à l'Est du jardin.

On peut sans équivoque rattacher à l'automne toutes les compositions à gravir dont les sommets sont arasés, et l'on remarquera qu'elles sont situées de manière à recevoir le soleil de l'Ouest.

Dans les aménagements des cours intérieures, on reconnaît la pierre évocatrice de l'automne à ses formes anguleuses, sa partie supérieure presque horizontale.

109

◁ Attribué à Ma Wan, des Yuan.
L'ermitage caché dans la falaise. 1349.
Rouleau sur soie.

▷ Yangzhou – Jardin Isolé.
Les montagnes de l'automne
à l'Est du jardin.

Yangzhou – Jardin Isolé. La montagne de l'hiver au Sud du jardin.

Les visions de l'hiver

Jaillissantes sont les pierres du printemps, incandescentes celles de l'été, altières et nostalgiques celles de l'automne... Le cycle des saisons s'achève dans le recueillement et l'incubation, la nature est entrée en léthargie, l'homme se blottit en ses robes ouatées. Les forces *Yang*, encore très présentes dans les pierres de l'automne, s'estompent, laissant place aux forces *Yin*, molles et alanguies des pierres de l'hiver.

Orientées afin de présenter l'ubac de la montagne, ce versant qui ne reçoit jamais le soleil, les compositions de l'hiver sont discrètes par rapport à la magnificence qu'expriment celles de l'été ou de l'automne; elles peuvent être accrochées à l'angle d'un patio, dressées pour être vues depuis la résidence. Parfois des pierres «pousses de bambous», note d'espérance de jours plus cléments, sont disposées en avant plan.

Par les compositions de l'hiver, saison où brusquement toute vie végétale, animale, humaine, se retire des champs, les dresseurs de pierres ont aussi exprimé les deux concepts clefs de la philosophie et de la cosmologie chinoises: le Plein et le Vide. «Loin de se nier mutuellement, c'est leur mariage intime qui forme la trame du monde; aussi, le vide n'est-il pas une notion négative, synonyme d'absence, mais bien le révélateur même de l'essence des choses (ainsi dans les exemples que donne Laozi, c'est le vide du moyeu qui permet à la roue de tourner, c'est le vide de la cruche qui fait son utilité, et le vide de la porte et des fenêtres qui donne à la chambre son usage).

»Comme ces deux concepts jouent un rôle aussi important dans la description philosophique du monde, il n'est pas étonnant que nous les retrouvions au premier plan, d'une part, des théories de la Peinture et, d'autre part, des théories du Jardin, puisque ces deux disciplines constituent précisément, à l'échelle du microcosme, une réplique de l'acte créateur qui donne naissance à l'Univers. En peinture, le Plein et le Vide forment la substance même de l'espace plastique: les blancs du papier sont plus importants que les parties peintes, mais ils ne prennent leur valeur et leur signification positives que par l'existence de ces dernières; l'essentiel est sous-entendu, mais il n'existe qu'en prenant appui sur ce qui est exprimé: ces deux termes (l'inexprimé et l'exprimé, parties blanches et parties peintes, vides et pleins), possèdent donc une substance identique, et ne sauraient être disjoints.» [12] Si nous citons si longuement cette note de Pierre Ryckmans, extraite de l'ouvrage *Six récits au fil inconstant des jours* de Shen Fu, qu'il a traduit, c'est que l'expression de ces deux concepts nous apparaît extrêmement lisible dans de nombreuses compositions évoquant l'hiver. On y remarque que les rochers se détachent systématiquement sur le fond d'un mur blanc assez rapproché, lorsqu'ils n'y sont pas directement encastrés; c'est alors du vide lui-même qu'ils semblent surgir, on les perçoit comme une matière entrée en léthargie momentanée dont les flux seraient bientôt prêts à s'éveiller. Les compositions de l'hiver, plus que les autres monochromes, sont celles qui se rapprochent certainement le plus des peintures de lettrés où toutes les nuances sont exprimées dans les jeux de la densité de l'encre sur le support du papier blanc.

Yangzhou – Jardin de l'Ermitage où l'on peut pousser son cri. Le jaillissement du printemps sur fond d'hiver.

Yangzhou – Jardin de l'Ermitage où l'on peut pousser son cri. 115

Attribué à Zhou Wenju, des Tang du Sud (Cinq Dynasties).
En regardant les canards depuis le pavillon aquatique.
Feuillet d'album sur soie, éventail.

Il est important que le marcheur puisse prendre de temps à autre une courte pause et regarder autour de lui; c'est pourquoi, dans les temps anciens, on avait coutume de coucher des pierres afin de créer des escaliers dans la montagne: cela convient bien à la structure verticale du corps humain. Aujourd'hui, ces gradins sont remplacés par des rampes qui non seulement sont moins sûres, mais peuvent même tuer le plaisir de l'ascension; on a construit de larges allées là où il aurait fallu tracer de multiples petits sentiers afin que chacun puisse s'isoler et laisser libre cours à son imagination dans un état d'esprit contemplatif.

Chen Congzhou, *On Chinese Gardens*.

PIERRES PROCHES, MONTAGNES LOINTAINES

Hong Ren, des Qing (1610-1663). Le pin dragon sur le Mont Jaune.

Gu Kaizhi (346-407). La nymphe de la rivière Luo.
Copie du XIIᵉ ou XIIIᵉ siècle. Section d'un rouleau sur soie.

Le poète abandonné par la nymphe

Sur un rouleau horizontal, le peintre Gu Kaizhi illustrait le poème de *La nymphe de la rivière Luo*; sur cette copie du XIIᵉ siècle (elle n'est pas unique, on en connaît au moins deux autres, dans les musées de Pékin et de Shenyang), on voit le poète abandonné par la divinité de la rivière, il rêve, inconsolable au bord de l'eau. «Les différents éléments du paysage, rochers, arbres, collines, ont conservé leur caractère d'images; ils sont conçus séparément et sont disposés comme dans un décor de théâtre, sans grand souci de leurs rapports ou de leur situation dans l'espace [...] La narration a, pour le peintre, le pas sur toute autre considération, et c'est sans doute la raison pour laquelle l'échelle des êtres humains n'a rien de commun avec celle du décor qui les entoure.» [13]

Dans cette même période, Zong Bing (375-443), peintre dont les œuvres se sont perdues, notait:

«Etant donné que les Monts Kunlun sont très grands et que la pupille est très petite, si l'on amène la montagne à un pouce de mes yeux, je ne peux voir sa forme; mais si on la recule de plusieurs milles, elle peut tenir dans la pupille de mes yeux. Car il est vrai que plus loin est l'objet, plus petit il devient. Maintenant, quand j'étends la soie pour refléter un paysage lointain, la forme des Monts Kunlun et Lang peut être contenue dans l'espace d'un pouce carré» [14] mettant en place un autre symbolisme pictural dans lequel l'homme n'était plus prédominant par sa taille, mais accédait à une place plus juste au cœur de la nature qui l'entourait, ce qui permettait de traduire plus clairement les systèmes de relation entre le Ciel, la Terre et les hommes, déjà très anciens à cette époque et qui fit que plus qu'un état d'âme, picturalement le paysage chinois devenait un parti pris philosophique.

Commentant cette peinture du poète abandonné par la nymphe, James Cahill écrit que «le peintre était absolument incapable d'évoquer cet univers animiste de Zong Bing où plantes, rochers, cours d'eau sont habités par des entités spirituelles qui envoûtent et ensorcellent, et, à plus forte raison, de traduire le syncrétisme grandiose du Taoïsme où le cosmos tout entier est conçu comme un organisme unique»... mais, ajoute-t-il, «c'est dans la mesure où elle lui est familière qu'une convention éveille des échos immédiats chez celui à qui elle s'adresse, et les arbres aux allures de champignons, les buttes modestes de ce tableau, dont la disposition nous paraît naïve, se métamorphosaient certainement, aux yeux de l'homme sensible d'autrefois, en pics majestueux».[15]

Cependant tel que ce détail apparaît, doit-il être considéré comme une représentation d'un paysage ou la représentation d'un paysage tel qu'il serait exprimé dans l'espace d'un jardin?

Mettant en rapport cette scène avec la maquette du jardin Tang (p. 64), on note de semblables disproportions entre les personnages de l'une et les oiseaux perchés sur la «montagne» de l'autre. Et ces observations nous conduisent à penser qu'il ne s'agit pas tant d'une naïveté dans l'expression, que du désir de représenter autre chose. Il nous paraît plausible d'imaginer le poète abandonné, en un jardin dans lequel il aurait reconstitué le décor de sa mélancolique aventure, entre un bassin bordé de saules et une représentation de la montagne lointaine; au premier plan, le flux de l'eau pétrifié s'écoule, ondoyant comme un dragon; la peinture tout entière baignant dans les couleurs symboliques des équilibres *Yin/Yang*.

L'ascension de la montagne

L'enseignement du long chemin à parcourir pour rejoindre les hauteurs, atteindre la pureté, se dégager des choses du monde, est représenté en peinture par ce petit personnage figé au pied de la montagne, à la jonction des courants, en ce lieu dit *terrier du dragon*. Passant dans le jardin, cette expression picturale d'un environnement reconstitué, qu'importent les dimensions objectives des éléments mis en place, aux fins d'une projection dans cette Nature.

Le pavillon du bord de l'eau sera le point de départ de l'ascension mentale, le lettré s'installe dans sa rêverie, sa cithare près de lui, les gouttes de pluie frappant les larges feuilles du bananier peuvent l'inspirer pour l'accompagnement d'un poème. Il s'est retiré du monde, dans la clarté crépusculaire, immobile, il contemple les métamorphoses du paysage. Et que sa montagne soit une somptueuse falaise ou une composition de pierres à peine plus haute que lui, les sentiments qu'elle va susciter seront d'identiques réminiscences sur le devenir de l'Homme face à l'Univers, sur les joyeuses ascensions durant lesquelles, buvant le thé ou le vin, on vivait dans la communion de la nature.

« Je ne vois pas ceux qui m'ont précédé,
je ne vois pas ceux qui viendront après moi.
Je songe à l'infini de l'Univers,
solitaire et triste je laisse couler mes larmes. »

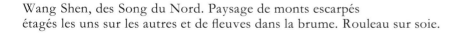

Wang Shen, des Song du Nord. Paysage de monts escarpés étagés les uns sur les autres et de fleuves dans la brume. Rouleau sur soie.

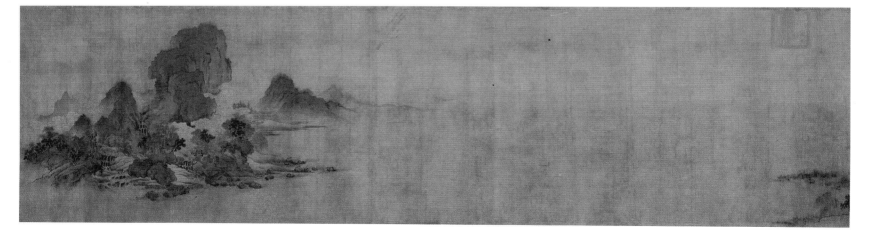

Pékin, Parc du Beihai – Jardin de l'Ermitage du Cœur Tranquille.
La montée au belvédère Zhenluan.

Pékin, Parc du Beihai – Un des accès au Jardin de la Retraite
de la Barque Peinte.

Ces vers écrits après l'ascension du Belvédère de Youzhou par le poète Chen Zi'ang (661-702), le lettré, en son jardin, se les rappelait-il?

C'est que du lettré dont on visite aujourd'hui les jardins (jardins remodelés dans de nombreux cas par de riches négociants à la fin du XVIIIᵉ siècle, ce qui permit d'ailleurs de les sauver de l'abandon), on ne voit que l'aspect d'une réussite sociale et de trésors engrangés, oubliant que des autres jardins, tel celui qu'édifia le peintre Shitao à Yangzhou, il ne reste pratiquement rien.

Dans l'ascension mentale, exercice immobile au niveau le plus bas de la composition, dans la peinture comme dans le jardin, le lettré reste encore le laïc, celui qui appartient au siècle et qui contemple. Mais lorsqu'il avait le désir de s'identifier aux personnages qui, dans les peintures, gravissent en solitaire les flancs de la montagne pour rejoindre des constructions isolées qui ressemblent à des lieux de retraite, des monastères bouddhiques, il va en son jardin accomplir physiquement cette démarche toute mentale.

La falaise qui apparaissait depuis le pavillon comme une barrière infranchissable est cependant contournable, et se découvrent, en des simulacres d'obstacles, des sentiers labyrinthiques qui démultiplient et le temps et les espaces.

Montagnes des jardins, rêves de montagnes dont l'ascension ne peut être que solitairement accomplie entre d'étroites failles qui doivent rappeler les sentiers de la montagne.

Dans ce déplacement devenu physique pour un court instant, c'est tout le paysage qui se recadre. Dans l'un ou l'autre jardin, les degrés à gravir proposent de fugitives visions, là où il est convenu de reprendre son souffle, pour qu'une fois parvenu sur un replat, une terrasse, ce belvédère qui invite à contempler une vision panoramique, le regard ne se tourne pas vers le jardin, les espaces qui viennent d'être quittés, mais soit orienté vers d'autres compositions soudainement découvertes ou, si elles étaient déjà visibles d'un autre point du jardin, prennent en ce lieu un autre sens.

▷ Yangzhou – Jardin de l'Ouest (Xiyuan) du Temple de la Grande Lumière (Daming si).

王蒙飘用
叔明飘用
古篆隸法
雜入皴中。
如金鑽鏤
石鶴嘴劃沙。
雖師趙吳興實自出鑪冶。
犬而不稚勁而不板圓而
不成毛圖方而不露圭角。
其蓋唐宋諸家無不一一
逼肖元季推為第一大尺
學一人不可苑在一人範
圍如叔明者其於諸家真
毫髮無遺憾矣。

Planche du *Manuel de peinture du jardin pas plus gros qu'un grain de moutarde* de Wang Gai. 1679.

▷ Pékin, Parc Zhongshan (Mémorial de Sun Yat-sen).

Pékin, Parc Zhongshan (Mémorial de Sun Yat-sen).

Zhou Chen, des Ming (1450-1535). Illustration du dernier vers d'un quatrain du poète Yang Wanli, des Song du Sud (1124-1206) intitulé «Après la sieste au début de l'été»:
«Les prunes ont perdu leur acidité qui affaiblissait mes dents.
Devant mes fenêtres les feuilles de bananiers m'accordent leur verdure.
Au cours d'une longue journée je me lève insouciant après ma sieste et j'observe oisif les enfants attraper les chatons de saule.»

Suzhou – Jardin du Bosquet du Lion.

La montagne contemplée

Le kiosque de la montagne, ce belvédère, a donc une fonction très différente de celle du pavillon de la base, et pourtant, en sa forme, il peut être semblable. Cela n'a pas une telle importance. De même que dans les peintures de paysage, le tiers supérieur paraît toujours inatteignable à l'homme, et que lorsque sont figurées des constructions elles sont placées à la hauteur du second tiers, le kiosque de la montagne n'est jamais posé sur le sommet d'une composition de pierres, mais seulement sur une illusion de sommet, afin de découvrir que l'espace que la montagne développe ne s'achève pas là, qu'un autre premier plan va surgir entre l'homme et l'éther.

En son belvédère, le lettré s'est assis, face à lui un sommet se dévoile, et de celui-là, il ne fera pas l'ascension. Il le fixe, concentre sur lui son regard d'homme : nul chemin ne l'y conduit, et de plus, au-delà de ce premier pic interdit, apparaissant dans un lointain si peu objectif que trois brassées pourraient les atteindre, de vertigineux pitons rocheux, montagnes lointaines par excellence, qui, comme au Jingxinzhai – par exemple –, surgissent dans l'angle Nord-Ouest, comme à la jonction de l'hiver et du printemps, comme situés aux confins des territoires habités de l'Empire.

« J'ai bâti ma maison parmi les humains
mais nul bruit de cheval ou de voiture ne m'importune.
– Comment cela se peut-il ?
– A cœur distant, tout lieu est retraite. » [16]

« J'ai longtemps vécu en cage
Me voici enfin rendu à moi-même. »

Poèmes de Tao Yuanming (365-427)

Qu'il soit isolé, dans la nature, face à la montagne ou qu'il s'isole, dans son jardin, face aux rochers qu'il a édifiés, il contemple et interrompt le temps.

Attribué à Ren Renfa, des Yuan (1254-1327). Joueur de *qin* (Le lettré désintéressé). Rouleau sur soie.

Yangzhou – Jardin de la Petite Vallée Serpentine.

Pékin, Cité Interdite – Pierre taihu sur socle dans la Cour du
Palais du Ciel en héritage.

Yangzhou – Jardin Isolé.

Zhou Chen, des Ming (1450-1535).
Arrivée d'un visiteur à un ermitage
dans la montagne. Rouleau sur soie.

Dès que nous sommes immobiles, nous sommes ailleurs; nous rêvons dans un monde immense. L'immensité est le mouvement de l'homme immobile. L'immensité est un des caractères dynamiques de la retraite tranquille...
Dans de telles rêveries qui s'emparent de l'homme méditant, les détails s'effacent, le pittoresque se décolore, l'heure ne sonne plus, et le temps s'étend sans limite.

G. Bachelard, *L'intuition de l'instant*.

LE MOUVEMENT DES PIERRES

Wuxi – Jardin des Pruniers (Meiyuan).

Pensées lointaines en s'appuyant à la balustrade. Gravure sur bois d'après une peinture de Wang Qiaoyun, extraite du *Yuchuyi*, recueil d'histoires extraordinaires des Ming. 1606.

Les nuages sculptent la montagne

Pour imaginaire qu'il soit, le périple doit s'appuyer sur des représentations concrètes des instants et des variations atmosphériques. Quiconque observe la course des nuages dans la montagne, les écharpes de brumes isolant les sommets et noyant les vallées, sait les métamorphoses de la montagne.

«Nuages, récapitulation du paysage», écrit Hubert Damisch qui poursuit, citant Nicole Vandier-Nicolas, «car dans leur vide insaisissable on voit beaucoup de traits de montagnes et de méthodes d'eau qui s'y dissimulent, c'est pourquoi on dit: des montagnes de nuages, des mers de nuages». Et dans leurs traités le rôle que les peintres assignaient au nuage était «celui d'un élément, d'un principe qui, selon qu'il se rassemble ou qu'il se disperse, constitue dans son «vide insaisissable» le liant du paysage dont il articule, tout en les dissimulant, les «traits de montagnes» et les «méthodes d'eau.» [17]

Théoriciens de la peinture, de nombreux peintres lettrés le furent, depuis les temps les plus anciens [18], traitant du paysage, ils traitaient la montagne, traitant de la montagne, ils parlaient du nuage; dans leurs œuvres picturales, feuille après feuille, de leurs pinceaux plus ou moins gorgés d'encre, ou de leurs doigts imprégnés de poudres précises que leur souffle répandait, ils exprimaient les jeux infinis de ces deux éléments.

S'il nous est arrivé de puiser souvent dans les commentaires de Pierre Ryckmans sur *Les Propos sur la peinture du moine Citrouille-amère*, c'est que nous référant aux jardins zen du Japon – dont on sait qu'ils furent créés par des moines, grands calligraphes et peintres –, nous prenons pour hypothèse que, dès son origine, le jardin du lettré était œuvre de lettrés, tels qu'ils sont définis, tels qu'on les retrouve également comme auteurs de traités de peinture. Nous savons que Shitao, peintre et théoricien, édifia des jardins, et nous pouvons supposer qu'il ne fut ni le seul, ni le premier. Donc, partant de là, nous nous permettrons de penser que les créateurs qui surent théoriser sur le nuage surent également trouver pour le jardin – cette reconstitution de nature imaginaire – les pierres qui, tout en cavités et échancrures, étaient le plus aptes à exprimer cette relation de l'eau (sous toutes ses formes) à la montagne (c'est-à-dire ces pierres érodées, extraites du lac Tai) afin de représenter les infinies métamorphoses de la montagne. Ainsi pouvaient-ils, avec la matière, reproduire les vaporeux dragons ascendants, les nappes de vide qu'en leurs peintures ils avaient saisis.

Peintures de paysage dont il faut se souvenir que les caractères chinois les nomment «Montagne et Eau».

Pékin, Palais d'Eté (Yiheyuan) – Détail d'un monolithe placé dans la cour de l'entrée Est.

Pékin, Cité Interdite – Jardin du Palais de la Longévité Tranquille.
Rocher «détenteur de nuages» devant l'entrée du Pavillon
de l'Anticipation de la Chance.

Suzhou – Jardin de la Promenade Nonchalante.

▷ Li Tang, des Song (1050-1130). Murmure des pins dans les gorges. 1124.
Rouleau sur soie.

134   Suzhou – Jardin du Bosquet du Lion. Pierres du lac Tai devant le Pavillon Niché dans les Nuages (Woyunting).

Pékin, Cité Interdite – Jardin impérial.

Suzhou – Jardin du Bosquet du Lion.

Alarme au monastère. Planche du *Xixiangji*
paru pendant l'ère Chongzhen des Ming.
Entre 1628 et 1643.

Lorsque vous regardiez les écharpes de brumes,
les pierres s'effaçaient-elles ; et le Vide plus que le
Plein prenait-il corps ?

Dites-moi, n'y lisiez-vous que la course des
nuages ?

Face aux montagnes chinoises, Victor Segalen,
Breton attaché à la mer, lançait :

« Encercle-moi de ta houle immobile, ô mer
figée, ô marée sans reflux, vagues stériles dont les
sommets vont rejoindre la coupole des nues où
s'englobe tout mon regard... »

Et Shitao écrivait :

« Mais qui ne saisit la Mer qu'au détriment de la
Montagne, ou la Montagne au détriment de la Mer,
celui-là, en vérité, n'a qu'une perception obtuse. »

Ainsi, vouloir saisir le sens des pierres est une vaste entreprise. Il vaudrait mieux saisir l'instant et de cet instant rendre l'image en les contemplant. Ainsi les écharpes de brumes peuvent également se métamorphoser et provoquer d'autres réminiscences. Il n'y a pas une recette, il n'y a pas une définition pour chaque pierre, il n'y a que les instants qu'elles sont amenées à suggérer. Ces instants qu'elles peuvent évoquer, ce ne sont pas elles qui vraiment les suggèrent, c'est celui qui les regarde et qui voit ; dans les mouvements qu'elles proposent, dans le mouvement pour lequel celui qui les a disposées les avait choisies. Ce n'était jamais le choix pour un unique point de vue, mais un éventail de propositions entre différentes pierres-matières, plus aptes les unes que les autres à exprimer l'imaginaire infini.

Wang Meng (1309-1385).
Habitations dans la forêt à Zhu Chu
(autre nom du lac Tai).
Rouleau sur papier.

Une des dernières œuvres de Wang Meng, dédiée à son ami Ri Zhang qu'il a représenté retiré avec sa femme et ses serviteurs dans des pavillons situés à proximité de grottes au pied de la Montagne de l'Ouest, une des îles du lac Tai.

137

Suzhou – Jardin du Bosquet du Lion.

Suzhou – Jardin de l'Harmonie (Yiyuan).

Les Iles des Immortels

Suzhou – Jardin du Pavillon de la Vague.

Pékin, Cité Interdite – Cour du Palais du Ciel en héritage.

A l'inverse des maîtres japonais qui suivaient les préceptes d'un ancrage profond dans la terre, ce qui tendait à exprimer visuellement le jaillissement des terres depuis les profondeurs abyssales de l'océan, les maîtres chinois des Jardins de Longévité semblaient refuser les lois d'une rassurante stabilité et s'exerçaient à supprimer la pesanteur de la matière.

A l'aube de la préhistoire, il y avait eu la notion que les montagnes s'étaient détachées de la voûte céleste; elles étaient tombées, elles s'étaient posées sur la terre, chaînes des éboulis qui se retrouvent souvent dans les compositions des dresseurs de pierres comme dans les peintures de paysages.

Démesurés et fantasques sont les fleuves, ils occupent une place importante dans les récits légendaires, les chroniques historiques; pour les Chinois, peuples agriculteurs liés à la terre, la mer restait une étendue lointaine et incertaine que quelques esprits aventuriers découvraient, certes, mais elle ne sembla jamais absolument indispensable à la vie chinoise: déversoir des eaux continentales, elle apparaît comme un lointain élément dans la reconstitution du cycle des vapeurs et des eaux.

«A l'horizon de l'océan, le souffle des monstres marins semble ériger des tours (d'écume)» (Sima Qian *Mémoires historiques*) [19]. Une mer lointaine qui devient une zone mythique pouvant receler des îles fabuleuses, refuge des génies volants à qui on prêtait le pouvoir de distiller l'élixir d'immortalité. Etaient-elles tombées elles aussi de la voûte céleste, mais sur l'eau? On les disait flottantes et d'autant plus instables que d'une hauteur vertigineuse; à tout moment elles risquaient de s'enfoncer dans les fonds marins. C'est pour cette raison que le Souverain du Ciel demanda aux Tortues géantes du début de la création de les arrimer sur leurs dos. Iles fabuleuses au nombre de cinq, portées par quinze tortues sur les eaux du Golfe Bohai entre Chine et Corée. Un géant passant par là dévora six tortues et deux îles sombrèrent irrémédiablement. Les trois restantes nommées Penglai, Yingzhou et Fanghu abritaient toujours les génies distillateurs dont les hommes et particulièrement les empereurs désiraient faire la connaissance. Plus tard, le fondateur de la dynastie des Qin envoyait à leur recherche des milliers de jeunes gens, sous la direction de maîtres

Yangzhou – Jardin Isolé. Au premier plan, l'Ile des Immortels.

de *Fengshui*; ils ne les trouvèrent point. Les chroniques rapportent également que l'empereur Wu des Han fit deux tentatives en 133 et en 109 avant notre ère, leur échec le poussa à tenter une autre manœuvre: dans le jardin de son palais, il fit creuser deux lacs afin d'y édifier trois îles, d'après les descriptions mythiques et le récit de navigateurs, dans l'espoir que les génies accepteraient de s'y poser. Plus tard, des marins accostèrent un archipel composé de myriades d'îles noyées dans les brumes des mers orientales, ils crurent avoir découvert enfin les îles merveilleuses, mais ne rencontrèrent qu'un «peuple de nains aux pieds nus», c'étaient les Japonais.

L'empereur Wu ayant donné l'exemple, après lui on continua d'ériger des représentations de ces inaccessibles îles flottantes, refuges d'Immortels et de génies sachant, par distillation des herbes d'immortalité, fabriquer le mythique élixir, en dressant des pierres à base étroite afin de recréer une impression de hauteur vertigineuse et d'instabilité. Ces représentations d'îles appartenaient si peu à la mer que les dresseurs de pierres, au cours des temps, remplacèrent l'élément liquide par des socles aux motifs stéréotypés symbolisant l'eau ou encore posaient les pierres sur des rochers bas évoquant la carapace des tortues géantes.

Alors qu'au Japon l'évocation de la mer fait partie du jardin, elle n'est pratiquement pas figurée en Chine; pour le lettré, amené à se déplacer fréquemment et à visiter un vaste territoire, la mer n'était guère plus qu'une limite. «Une pagode se dresse au bord de l'eau; j'y suis allé un soir avec mon père – c'était la fête de la mi-Automne – pour y contempler la montée du flot.»[20] Lorsque l'auteur note s'être rendu à l'embouchure du fleuve Qiantang, dans la baie de Hangzhou, ce n'était pas spécialement pour voir la mer, mais le mascaret qui, à l'équinoxe d'Automne, fait surgir des vagues dont les crêtes peuvent atteindre dix mètres de hauteur; ce phénomène attirait des foules de touristes depuis l'Antiquité et deux empereurs s'étaient déplacés pour l'admirer.

Pékin, Parc Zhongshan (Mémorial de Sun Yat-sen).

Pékin, Palais d'Eté – Cour de l'entrée Est.

Suzhou – Jardin du Maître des Filets de Pêche (gauche).
Jardin de l'Ouest du Temple Hanshan (droite).

Yun Ying apparaît en songe.
Gravure sur bois d'après une peinture de Wang Qiaoyun,
extraite du *Yuchuji*, recueil d'histoires extraordinaires
des Ming. 1606.

144

Suzhou – Jardin du Maître des Filets de Pêche.

Une des raisons de la coutume de dresser des pierres évoquant l'image stéréotypée des îles mytiques à proximité immédiate des pavillons du jardin, ou à l'intérieur des petites cours des résidences, se trouve dans la croyance que de tels rochers pouvaient favoriser la descente des Immortels sur terre. Parmi tous les objets de la chambre, à titres divers tous récepteurs de symboles, on remarquera à droite de la gravure le petite vase : son décor en lignes brisées est à rapprocher de celui de l'ouverture pratiquée dans un mur du Jardin du Bosquet du Lion (p. 138). Ce motif est une classique représentation de l'instant où l'eau se transforme en glace, image d'un monde en perpétuelle mutation.

145

La danse cosmique

C'est l'instant de mer qu'est la vague que les maîtres de jardins allaient saisir et exprimer par le choix de pierres révélant l'élan puissant de la masse liquide se dressant; et c'est à la manière d'un photographe opérant au millième de seconde qu'ils fixèrent et non pas figèrent le mouvement de la crête sur le point de retomber.

Comme en cette vague c'est toute l'idée de la mer qui est contenue, en d'autres pierres se lisent les tourbillons des fleuves, les gerbes d'eau et les gouttelettes qui s'en détachent.

Eaux, airs et vapeurs: d'un pan de la montagne, en d'autres compositions, ébauché par quelques rochers plats, s'échappe en volutes le dragon de cette eau que les longues herbes couchées évoquent; c'est alors que la pierre est dématérialisée dans l'expression des vapeurs qui s'élèvent puis se gonflent et s'étendent dans l'espace avant de se mêler à l'éther. Mais de cette pierre (p. 148) spécifiquement fongiforme ne pourrait-elle pas également évoquer l'un de ces champignons magiques dont les anciens taoïstes prétendaient que son absorption donnait une longévité de cinq cents ans? (voir maquette du jardin Tang p. 64).

Pékin, Palais d'Eté – Cour de l'entrée Est devant le Pavillon de la Bienveillance et de la Longévité.

Pékin, Cité Interdite – Jardin impérial.

▷ Suzhou – Jardin du Maître des Filets de Pêche.

147

Suzhou – Jardin du Maître des Filets de Pêche.

Pékin, Palais d'Eté – Cour de l'entrée Est devant le Pavillon de la Bienveillance et de la Longévité: sommet d'une pierre.

Selon Joseph Needham, le confucianisme, exprimant un certain ordre rationnel et la morale dans un état féodal de la société, est profondément masculin; les pierres-axe du monde (p. 37) collectionnées par les empereurs sont des pierres masculines. Dans leurs recherches d'une sagesse intuitive, les philosophes taoïstes rejetaient les idées préconçues par un ordre social, «insistaient sur le féminin comme le symbole d'une approche réceptive de la nature, spécifiquement taoïste» [21].

Aux pierres «axe du monde» collectionnées par les empereurs, aux pierres «au masculin», rochers sombres aux angles vifs qu'on dirait «taillés à coups de serpe» comme on le dit d'un visage rude, s'opposaient celles extraites du lac Tai, que le travail de l'eau avait érodées et dont, très souvent, une base très étroite à peine en contact avec le sol leur donne une allure de danseuse.

Dansantes et efféminées sont les pierres du lac Tai, tout en angles et sombres les pierres du Nord, certaines déboulées de la montagne sont ravinées et portent en leurs veines les strates de la terre, les

En contemplant la lune par une belle soirée.
Planche du *Hongfuji*, recueil d'histoires extraordinaires
en 2 volumes des Ming. 1601.

Suzhou – Jardin de la Promenade Nonchalante.
Rocher dit Le piton coiffé de nuages.

Haut de 5 m, ce monolithe et celui dit Le piton où se cachent les nuages (reproduit p. 23) avaient été extraits du lac Tai. La tradition rapporte que, lors de leur transport vers la capitale des Song pour être offerts à un empereur, le bateau sombra dans le lac. Ils ne furent érigés que plusieurs siècles plus tard dans ce jardin.

traces des plissements telluriques de la création, d'autres sont les témoins des fusions et des métamorphoses; et restent encore les étranges minéraux, les bois pétrifiés, les concrétions calcaires, les météorites qui ont traversé l'espace. Mais l'artiste, composant, juxtaposant ou isolant ces éléments, les fera participer à la danse de la création.

Dans sa danse, le vainqueur des trois citadelles
pose doucement sur la terre son pied puissant
dont le choc la briserait;
il ramène et tient croisés sur sa poitrine
ses bras où tous les mondes pourraient s'absorber;
il détourne des objets visibles, de peur de les consumer,
son regard qui lance de terribles étincelles:
puisse-t-elle vous protéger,
cette danse divine,
rendue terrible par la miséricorde
que le Roi du monde témoigne à tout son empire!
                                    Viçakhadatta, VIᵉ siècle.

Bhubaneswar (Inde, province de l'Orissa). Temple de Mukteswar. Çiva dansant. Xᵉ siècle.

Rythme et mouvement, longtemps considérés dans notre Occident comme des qualités propres au cycle des saisons et à celui de naissance et de mort de toutes créatures vivantes, sont également l'essence même de la matière inorganique et, de ce fait, «toute matière ici sur terre ou dans l'espace participe à une continuelle danse cosmique» [22]: dans l'hindouisme, la métaphore de la danse cosmique avait été exprimée par la danse de Çiva, Dieu de la Création et de la Destruction, qui exprime cette action double et simultanée.

La pensée chinoise ancienne avait eu également cette intuition aujourd'hui confirmée par la physique moderne découvrant que la distinction entre les états solides, liquides ou gazeux est seulement marquée par la différence de vitesse des électrons, c'est-à-dire que changement et transformation, rythme et mouvement, sont l'aspect primordial de la nature. Le dresseur de pierres, sans pouvoir formuler cette loi en avait conscience lorsqu'à l'aide de la matière minérale il exprimait ces états et donnait au jardin la possibilité de traduire dans son entier le concept de nature afin que le spectateur, ou lui-même, s'en pénètre et retrouve la spontanéité originelle selon les conceptions des maîtres taoïstes.

Pierres des jardins: évocation de paysages grandioses, de la terre de Chine dans laquelle les premiers maîtres des Vents et des Eaux *(Fengshui)* avaient cerné les pulsations de la Terre, les veines du dragon, les courants d'énergie, dans l'indifférenciation des plissements de la roche, du trajet des eaux ou des nodosités des arbres.

Et de ces pierres du mouvement cosmique, pierres des vagues et des vapeurs, qui ne sont plus des reconstitutions peintes de paysages, mais le condensé d'une réalité, de ces pierres longuement recherchées, choisies et disposées selon des critères dont nous devons supposer qu'une certaine forme de magie n'était pas absente, le lettré, pour lui-même, pour son entourage immédiat et peut-être pour les visiteurs qui aujourd'hui contemplent ses créations, œuvrait afin qu'elles deviennent les fantastiques éléments émetteurs et récepteurs d'une énergie réelle, des émanations des *Souffles Vitaux* et, de la sorte, faire de cet espace qui les contenait le Jardin de la Longévité.

Pékin, Parc Zhongshan (Mémorial de Sun Yat-sen).

Suzhou, La Grande Pagode du Temple de la Reconnaissance
(Baoen si). Reconstruite en 1162.

De quel jardin à l'abandon fut-elle sauvée, cette pierre aujourd'hui
scellée au pied de la pagode? Nul ne sut nous répondre mais, telle
qu'elle fut choisie, elle s'élève comme une tour d'écume et répète
l'ascension vertigineuse des neuf niveaux de l'édifice. Pierre à contempler pour, dans une ascension mentale, s'imprégner encore du
mouvement des pierres de la terre de Chine avant de pénétrer celui
des pierres d'un archipel dont les sites célébrés devront beaucoup
à la mer.

L'OMNIPRÉSENCE DE LA MER

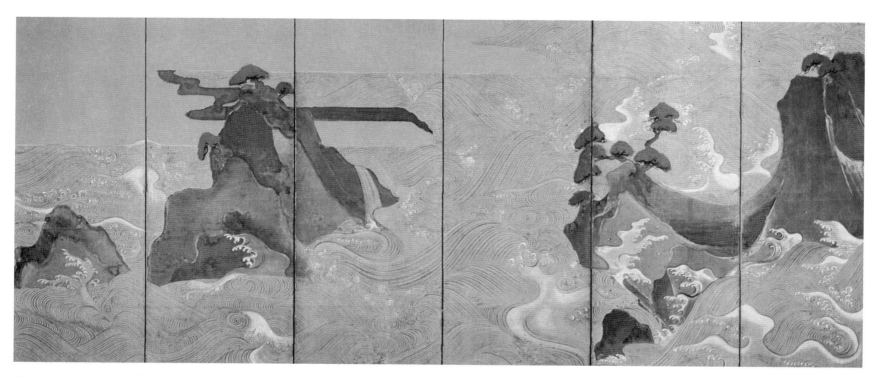

Sôtatsu (actif en 1630). Ilots de pins (Matsushima).
Partie droite d'un paravent.

Kyôto, Sanctuaire de Shimogamo.

A l'occasion de certaines fêtes les prêtres shintoïstes dressent des modèles de ces montagnes originelles: cônes pointus d'un blanc étincelant jaillissant d'une aire de graviers blancs, représentation conventionnelle de la mer.

Cristallisation

«Alors le dieu Izanagi et la déesse Izanami se tenaient sur le Pont Flottant du Ciel, ils plongèrent la hallebarde divine dans la mer, l'agitèrent en cercle dans le sel marin et la retirèrent en faisant clapoter l'eau. A ce moment-là, les gouttes salées qui tombaient de la hallebarde se superposèrent et devinrent des îles.» (Kojiki)

Les montagnes chinoises sont issues de l'Océan Cosmique, celles du Japon ne sont que la cristallisation d'une mer bien réelle. Dans les deux pays, le Flux Vital descend du Ciel sur la Terre en passant par le sommet des montagnes, mais les courants d'énergie ne suivent pas les mêmes trajectoires. En

Chine le Flux vient des lointaines montagnes de l'Ouest, au Japon il descend directement à la verticale.

Dans chaque village un temple shintoïste, situé sur une éminence, est le lieu de descente sur terre du *kami* tutélaire, de l'esprit divin. Le rituel consiste à convier l'Esprit, à le prier de venir afin que les hommes puissent se régénérer au contact de son énergie, puis à le raccompagner jusqu'à l'aire sacrée d'où il reprend son envol vers les zones célestes.

«Selon la cosmologie des anciens Japonais, l'univers est plein de substances spirituelles qui, malgré leur existence immatérielle et invisible, ont leur propre unité, leur force surnaturelle, leur propre sentiment et la capacité de voler dans l'air et de se montrer sous la forme qui leur plaît.

» D'autre part, toutes les substances spirituelles sont classées en deux catégories; c'est-à-dire, les bons esprits et les mauvais esprits, ou la pureté et la souillure. Toutes les existences matérielles sont également groupées dans l'une ou l'autre catégorie; les choses qui contiennent des éléments fastes et celles qui sont chargées de mauvais esprits, ou plutôt celles qui sont pures et celles qui sont souillées.

» De plus, il me semble qu'il y a des substances spirituelles bonnes ou mauvaises par essence. L'exemple le plus remarquable d'une substance spirituelle constamment bonne est l'esprit ancestral vénéré en qualité de dieu fondateur d'un groupe. Il n'a souci que de donner le plus grand bonheur possible au groupe composé par ses descendants. Par contre, les esprits d'hommes ou d'animaux morts dans une lutte, dans un accident, dans une grande colère ou dans un grand chagrin, ne chercheront qu'à faire du mal à tous les passants qu'ils rencontrent. Mais beaucoup d'esprits ne sont ni bons, ni méchants par nature; ils sont bons quand ils sont contents, ils sont méchants quand ils sont en colère.

» Toutes les communautés possèdent une sorte de source éternelle de bons esprits: cette source est principalement le symbole du dieu-fondateur de la communauté, abrité soigneusement dans un temple. Quelquefois une certaine eau, une pierre, un arbre constituent des sources supplémentaires. Les esprits qui en jaillissent se répandent aux alentours; de plus, ils ont le pouvoir de posséder et d'habiter les corps qu'ils rencontrent; si le corps ainsi chargé d'un bon esprit vient en contact avec un autre corps, l'esprit passe dans ce deuxième corps, comme un courant électrique s'étend sur un corps conducteur qui se trouve en contact avec le corps électrisé.

» Le même phénomène se produit avec les mauvais esprits. Cela prouve que les dieux et les démons sont de la même substance. Cependant, ces deux catégories d'esprits sont incompatibles; l'une chasse l'autre comme une armée repousse l'ennemi. Le territoire qu'occupe un groupe d'hommes contient toujours les deux éléments et, si la force du bon élément dépasse celle du mauvais, la prospérité du groupe sera assurée. Mais si la force de l'élément néfaste s'avérait dominante, le destin du groupe serait sombre...

» ... Les anciens Japonais ont conçu l'univers comme fait de deux éléments: un élément spirituel et un élément matériel, qui se heurtent, se mêlent, se neutralisent ou se renforcent suivant le rapport qui existe entre eux. Il est en tout cas impossible pour un homme de vivre tout seul sans aucune protection divine contre les attaques venant des mauvais esprits. Mais nous pouvons nous sentir tranquilles malgré les dangers qui nous entourent, car l'influence dangereuse des mauvais esprits peut être repoussée grâce à la force, aussi puissante que la leur, qui se trouve à notre portée sous forme de fétiches, d'objets divins, de personnages sacrés (prêtres: hommes appartenant à des familles traditionnellement vénérables), de lieux saints, etc. »

Professeur Narimitsu Matsudaïra[23].

Kyôto – Jardin de la Villa impériale de Katsura. Composition de pierres évoquant le site maritime d'Ama-no-hashidate.

Photo aérienne du tertre funéraire de l'empereur Sujin (Ve siècle) dans la préfecture de Nara.

Les dragons importés

Les tombes des premiers empereurs, du IVe au VIIe siècle, dans la région du Yamato, témoignent des idées et des connaissances des insulaires en matière de géomancie tellurique. La tombe de Sujin, mentionné dans les chroniques comme le dixième empereur, mais identifié maintenant comme le véritable fondateur du gouvernement central, est une éminence isolée, dernier ressaut remodelé par les hommes, d'une chaîne de montagnes; elle est entourée d'un fossé rempli d'eau. Cette tombe est une île hémisphérique précédée d'une aire trapézoïdale destinée au déroulement des rituels de réception de l'Esprit. L'esprit du mort, ici l'empereur, pouvait ainsi accéder au ciel en remontant la chaîne montagneuse et redescendre à la verticale au sommet du tertre. Rappelons au passage que l'aire de réception des esprits divins se dit *niwa*, terme également utilisé aujourd'hui pour désigner le jardin.

Les Japonais, depuis des temps immémoriaux, ont coutume de disposer des pierres à proximité des sanctuaires shintoïstes : étendues de galets ronds et blancs autour des autels, accumulations de rochers au pied d'arbres sacrés, comme autant de compositions destinées à favoriser la descente sur terre des esprits des ancêtres, anciens chefs de clan ou divinités tutélaires. Le pays, dans son ensemble, était, est encore, placé sous la protection de *kami* susceptibles de prendre pied, pour visiter leurs domaines, au sommet de n'importe quelle montagne, monticules, tertres aménagés par les hommes ou pierres dressées suivant des conventions rituelles.

Les dragons de l'Empire du Milieu, dont les allées et venues rendaient si bien compte des réalités chinoises, allaient avoir, comme on peut le penser, quelques difficultés à s'implanter dans l'archipel. Pour les Japonais entourés de tous côtés par la mer et vivant au pied des montagnes, le *Tigre blanc* des massifs himalayens de l'Ouest n'avait pas plus de signification que le *Dragon vert* des mers de l'Est. En rédigeant son recueil de secrets à l'usage des dresseurs de pierres, l'auteur du Sakutei-ki va donc essayer, face à l'invasion des idées chinoises, de faire un tri entre celles qui peuvent, sans risque, être adoptées, celles qu'il convient de rejeter, et enfin celles qui doivent être adaptées à la réalité japonaise. Parmi ces dernières se trouvent les règles d'orientation régissant les déplacements du *dragon de l'eau*. En Chine, tous les fleuves descendent des massifs enneigés de l'Ouest, le *Tigre blanc*, et se jettent dans la mer orientale symbolisée par le *Dragon vert*; ce n'est pas une raison pour violer les lois qui régissent au Japon le mouvement des énergies vitales.

« Au Tenno-ji l'eau vient de l'Ouest et se dirige vers l'Est ; au Kôyasan, l'eau vient aussi de l'Ouest. C'est spécial car il s'agit de temples ; en fait elle (l'eau) symbolise l'importation du Bouddhisme venant de l'Inde donc de l'Ouest... L'eau peut donc venir de l'Ouest, mais seulement dans les temples, pas pour les résidences. » A plusieurs reprises l'auteur du Sakutei-ki indique que dans le cas des résidences : « l'eau vient du *dragon* et devra couler vers le *tigre* », précisant encore : « Règle générale : de l'Est à l'Ouest... la meilleure orientation c'est du *dragon* au *tigre*, alors l'hôte de la maison devient bien portant et vivra longtemps. » Il ne fait pas de doute qu'il rappelle ici une tradition aborigène, antérieure à l'arrivée du Bouddhisme.

▷ Suzhou – Jardin de l'Harmonie.

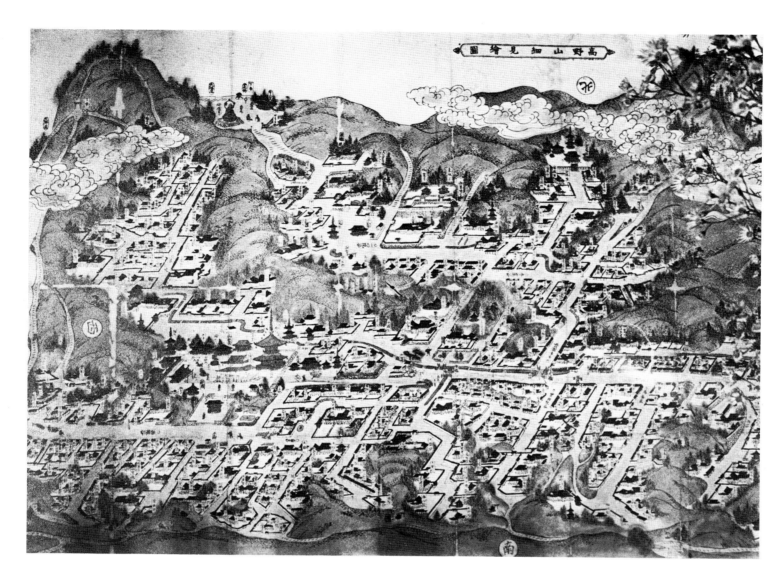

Anonyme. Vue cavalière des monastères du Mont Kôya
(Monastère de la secte Shingon du Tentoku-in, Kôyasan).
Détail d'un kakemono.

*Le mont Kôya que le moine Kukai choisit, au IXᵉ
siècle, pour élever temples et monastères, est dominé
par 8 pics qui le protègent dans les 8 directions de
l'espace.*

Kyôto – Jardin du pavillon de thé du Zuiho-in.
Composition de Mirei Shigemori. 1938-1939.

*Tandis qu'en Chine le faîtage des murs entourant les
jardins est souvent ondulé en « dos de dragon », au Japon
il est toujours rectiligne. Les mouvements du dragon sont
suggérés au sol.*

De Chang'an à Kyôto

En l'an 645, l'empereur Kôtoku arrive au pouvoir et décide de mettre son pays à l'heure chinoise et bouddhiste. Il restreint la construction des gigantesques tertres funéraires, désormais les corps des défunts seront incinérés; les dépenses et les énergies ainsi libérées seront utilisées à la construction d'une capitale fixe, Naniwa, sur le site actuel d'Osaka. N'ayant, à l'encontre des Chinois, aucune expérience de vie urbaine, il prend modèle sur Chang'an, la capitale des Tang.

La notion de capitale éphémère fut longue à disparaître, c'est ainsi qu'entre 656 et 794 (date de la fondation d'Heian-kyô qui demeura, sous le nom de Kyôto, capitale pendant plus de mille ans), et sous le règne de quatorze empereurs, treize capitales grandioses furent projetées; certaines ne virent jamais le jour, les autres, une fois édifiées au prix d'efforts considérables, furent déplacées et reconstruites à grands frais. Chaque fois le modèle demeure Chang'an et sont fidèlement appliquées les règles chinoises du *Fengshui*.

En l'an 710, l'impératrice Gemmyô fondait Heijo-kyô, non loin de la capitale précédente. Si les quartiers réservés aux gens du commun furent recouverts de logements dans le style traditionnel, la construction de bâtiments tels que centres administratifs, palais impériaux, résidences princières et temples bouddhistes, pour lesquels les Japonais manquaient d'expérience, fut confiée à des architectes et charpentiers venus du continent. A cette époque, les relations entre la Chine et le Japon étaient bonnes, bien que les communications fussent périlleuses.

En l'an 742, deux moines japonais, membres d'une mission diplomatique, en route pour la capitale des Tang, rencontrent Jianzhen, Supérieur d'un monastère nouvellement créé à Yangzhou. Ils le supplient de venir les rejoindre au Japon où, lui disent-ils, le Bouddhisme est déjà bien implanté mais souffre d'un manque de «maîtres de discipline» de sa valeur. Jianzhen fit cinq tentatives de traversées avant de parvenir à débarquer dans l'île du Kyûshû douze années plus tard. Au cours d'un naufrage, le disciple préféré avait péri et lui-même était devenu aveugle. Il arriva enfin, accompagné de peintres, sculpteurs, joailliers, brodeurs, maçons, maîtres de jardins; il apportait aussi des Ecritures bouddhiques, des reliques, des peintures et des statues. Jianzhen, connu au Japon sous le nom de Ganjin, joua un rôle capital dans la transmission de la philosophie, de la culture, des arts de la dynastie Tang. Lors d'une reconstruction d'Heijo-kyô, sous le règne de l'empereur Seimu, bouddhiste fervent, Ganjin et ses compagnons furent mandatés en 759, soit six ans après leur arrivée dans la nouvelle capitale, pour bâtir un temple, le Tôshôdai-ji, le seul édifice de style Tang parvenu intact jusqu'à nous.

Ce style nouveau fut accueilli favorablement, bien qu'en complète opposition avec celui qui prévalait alors, et qui prévaut encore, pour la construction des sanctuaires shintoïstes. Il suffit pour s'en convaincre de le comparer avec celui des temples d'Ise qui, détruits et rebâtis tous les vingt ans identiques à eux-mêmes, sont les témoins fidèles et incontestables du style des édifices religieux insulaires du VIᵉ siècle. Mais il était admis que le culte d'une religion nouvelle d'origine étrangère soit célébré dans une architecture qui lui correspondait: rappelons l'édification en 607, sous l'impulsion du Régent Shôtoku, l'importateur du Bouddhisme coréen, du temple de l'Horyû-ji, de pur style coréen, dont l'exécution avait été confiée à des artistes coréens. Le Tôshôdai-ji et l'Horyû-ji, plusieurs fois la proie des flammes, et chaque fois reconstruits, ont conservé leur aspect d'origine.

Mais que sont devenus les jardins princiers de l'antique Nara? Etaient-ils de style coréen, chinois ou japonais? Le jardin, avons-nous dit, est un art éphémère entre tous, et il restait peu de chance de retrouver des compositions de pierres qui ornaient les palais d'Heijo-kyô, capitale abandonnée définitivement en 794, lors de la fondation de Kyôto.

Portrait du moine Jianzhen (Ganjin). Laque sec à armature de bois, revêtu de couleurs, technique de la Chine méridionale.

Ce portrait rend admirablement la noblesse de Jianzhen – dont font mention les textes de l'époque – et reproduit fidèlement la paisible silhouette du vieux moine aveugle. L'auteur fut probablement l'un de ses intimes, et l'œuvre dut être réalisée peu de temps après la mort du moine.

Les pierres du prince

Illustrant à la fin du XVIIᵉ siècle le roman du Genji, et désirant évoquer la culture sinisante des aristocrates de la cour impériale du Kyôto de l'an mil, Sumiyoshi Gukei (1631-1705) fait figurer dans le bassin du jardin que contemple le héros du roman, des compositions de pierres *Iles des Immortels* conformes à l'iconographie chinoise et à certaines de leurs représentations dans le jardin chinois. En fait, aucune composition de ce style ne fut retrou-

vée au Japon. On ne peut cependant pas conclure hâtivement qu'elles n'ont existé que dans l'imaginaire de l'artiste. En effet, si au XIIᵉ siècle l'auteur du Sakutei-ki avait mis en garde ses contemporains contre l'emploi de *pierres exceptionnelles*:

«même transportée de la montagne ou de la rivière, une pierre d'aspect exceptionnel deviendra une divinité, et causera beaucoup de tourments», on peut supposer que se propageait la tendance à

Sumiyoshi Gukei (1631-1705). Illustration du *Dit du Genji (Genji monogatari)*.

les utiliser. Mais il semble que ce style de pierres, en contradiction complète avec celui qu'ils avaient coutume d'utiliser à proximité des sanctuaires pour favoriser la descente des *kami*, n'eut pas l'heur de plaire aux Japonais.

Lorsqu'ils dressaient des pierres près des résidences, leur démarche demeura toujours de protéger l'habitat des influences néfastes et d'attirer et de canaliser les énergies célestes, n'utilisant jamais de pierres isolées en tant qu'émetteurs de *Souffle Vital*.

Que les maîtres japonais aient, à une certaine époque, fait figurer dans les jardins des pierres dans la manière de celles des jardins de lettrés n'a que peu d'importance dans la mesure où cette mode passagère n'influença pas les compositions de pierres édifiées à partir du XIVe siècle dans les monastères zen, les plus anciennes à être parvenues jusqu'à nous.

Nara – Composition de pierres du VIIIᵉ siècle découverte en 1976.

Les pierres du littoral

Le débat sur une origine authentiquement japonaise des compositions de pierres ou sur une adaptation des jardins du continent reste ouvert. Certains spécialistes, dont Mirei Shigemori, étaient à la recherche du moindre indice tendant à prouver que l'art de dresser les pierres, bien qu'influencé par la culture chinoise, ne pouvait que prendre ses racines dans le fonds préhistorique japonais. L'année 1976 fut décisive dans ce sens. Lorsque l'Institut de Recherche de Nara, dans une de ses campagnes de fouilles archéologiques, découvrit une composition de pierres sur le site d'un palais remontant à la fondation d'Heijo-kyô en 710. Sous deux mètres de terre furent dégagés des rochers qui ornaient la rive Nord du bassin. Le professeur Osamu Mori qui dirigeait l'opération qualifie cette composition de «grandiose». Pour comprendre son enthousiasme, il faut dire que devant lui se dressait une œuvre typiquement japonaise, apparentée aux arrangements de pierres situés à proximité des sanctuaires shintoïstes et préfigurant les savantes compositions des grands maîtres zen du XIVᵉ siècle. De telles compositions ne se trouvent pas en Chine mais, par contre, illustrent parfaitement les préceptes du Sakutei-ki quant à la dimension des pierres:

«pas plus d'un mètre cinquante de haut» à leur assemblage:

«une fois les pierres dressées, l'une d'elles doit dominer...»

à la disposition des axes, etc. De plus, dans la partie du Traité consacrée à l'aménagement de l'île, il est noté que pour évoquer un récif:

«vous pouvez disposer des pierres debout à quelques endroits et selon la composition, ajouter des pierres pour exprimer la mer qui bat, les vagues qui déferlent. Les pierres doivent être vigoureuses, brutes, frustes.»

Nous sommes bien loin des effets esthétiques recherchés par l'utilisation des pierres du lac Tai, dans les jardins de Suzhou.

Uji, Sud de Kyôto – Jardin du Sambô-in. Edifié par Hideyoshi à partir de 1598.

Le Sakutei-ki, même s'il ne date que du XIIe siècle, ne fut donc pas seulement, pensons-nous, rédigé pour adapter des connaissances chinoises aux réalités japonaises, mais avant tout pour sauvegarder la très longue tradition indigène d'évocation de l'archipel par des compositions de pierres. Il ne fallait à aucun prix que l'adoption de techniques continentales ne fasse oublier les règles ancestrales. L'empereur avait pu placer le pays sous la protection du Bouddha, la protection des *kami* ne devait pas pour autant cesser. Ainsi s'expliquent l'insistance et les répétitions de l'auteur quand il traite de la représentation des côtes, des îles – dont il distingue dix variétés – de la mer...

« Si vous voulez exprimer la mer, exprimez d'abord le rivage...

» Les arrangements de pierres devront être vigoureux. Les combinaisons irrégulières, désordonnées, brutales, doivent exprimer les chocs de l'eau, non seulement sur les plages, mais en haute mer. Exprimez les fortes vagues, quelques récifs, des péninsules. »

Nous savons par les récits de l'époque Heian que les aristocrates aimaient voir dans leurs bassins une évocation de la mer. Nous possédons même une description minutieuse d'un jardin de Kyôto dont le bassin était rempli d'eau de mer ; sur les berges des serviteurs brûlaient du varech car la vue de la fumée et l'odeur de l'iode (en ce temps-là, l'extraction du sel se faisait par incinération des algues) rappelaient au prince ses promenades sur les plages.

Dans la peinture de lettré comme dans le jardin, l'esthétique chinoise avait défini le paysage – *shanshui* – en privilégiant l'expression de la montagne – *shan* – tandis que l'eau – *shui* – second terme du couple permettait la mise en valeur du premier. Lorsque l'esthétique japonaise reprend la définition chinoise du Paysage, elle exerce un léger détournement du concept : ce n'est plus la Montagne et son corollaire l'Eau (plus fluviale que maritime en Chine) qui est l'élément important, c'est l'Eau, sous-tendant la vision de la Mer avec les îles et récifs en corollaire, que les artistes exprimeront abondamment, tant par la peinture de paysage que par les jardins. La découverte archéologique de Nara ne fit que confirmer l'intuition des spécialistes quant à l'origine spécifiquement japonaise de toutes les compositions de pierres liées aux représentations de la Mer.

◁△ Kyôto – Jardin impérial du Temple du Pavillon d'Argent (Ginkaku-ji).
Fin du XVe siècle.

Le signe et la forme

La symbolique chinoise s'implanta dans l'« Empire des Signes » sans pour autant occulter les traditions plus anciennes. Les traces de cette cohabitation sont partout lisibles ; elles nous paraissent particulièrement claires dans ces gravures du *Livre des Jardins de Kyôto* édité en 1830.

Sur la planche de gauche du jardin du Kinkaku-ji, nous voyons l'aire de réception des *kami* dont l'entrée, signalée par un portique, *torii*, conduit à une estrade couverte où se déroulent, sous forme de danses, les rituels de bienvenue à l'Esprit tutélaire descendu du ciel par l'autel situé sur un monticule. L'étang fut creusé à la période Heian, mais plus tardives sont les compositions de pierres qui figurent en son milieu. Elles symbolisent les mythiques *Iles des Immortels* qui, selon la tradition chinoise étaient arrimées sur le dos de tortues géantes. Les dresseurs de pierres du Japon conserveront les tortues, que les rochers émergeants évoquent, sous-entendant les îles manifestant l'influence de la culture chinoise. Mais, de nouveau, dans les compositions des berges, ce sont les divers aspects des côtes japonaises qui sont représentés.

Sur la planche de droite nous voyons une composition de pierres qu'un cartouche nomme Cascade de la Porte du Dragon, autre témoignage de l'influence continentale ; là encore c'est le signe qui remplace la forme.

Reprenant, au milieu du XVIe siècle, tous les éléments utilisés par les peintres chinois pour illustrer la descente du dragon, le peintre Sôyû ne peint pas réellement une montagne, mais une image de l'image de montagne des peintres chinois (p. 168).

En édifiant la Cascade de la Porte du Dragon, l'artiste élimine la montagne qui devient *sous-entendue*, puisque la cascade ne peut avoir une autre origine. Toute l'attention du spectateur est ainsi concentrée sur la chute d'eau et le rocher de réception.

Cependant pour suggérer la hauteur de la montagne, il a choisi parmi les sept principaux types répertoriés dans le Sakutei-ki, les *cascades jumelles* : chutes d'eau verticales le long de parois vertigineuses [24]. La paroi de gauche, en saillie, aux plans tranchés et angulaires, qui reçoit le soleil, est le côté à dominante *Yang* ; celle de droite, en retrait et dans l'ombre, au sommet arrondi marque la dominante *Yin*.

166 ◁▷ *Détails.*

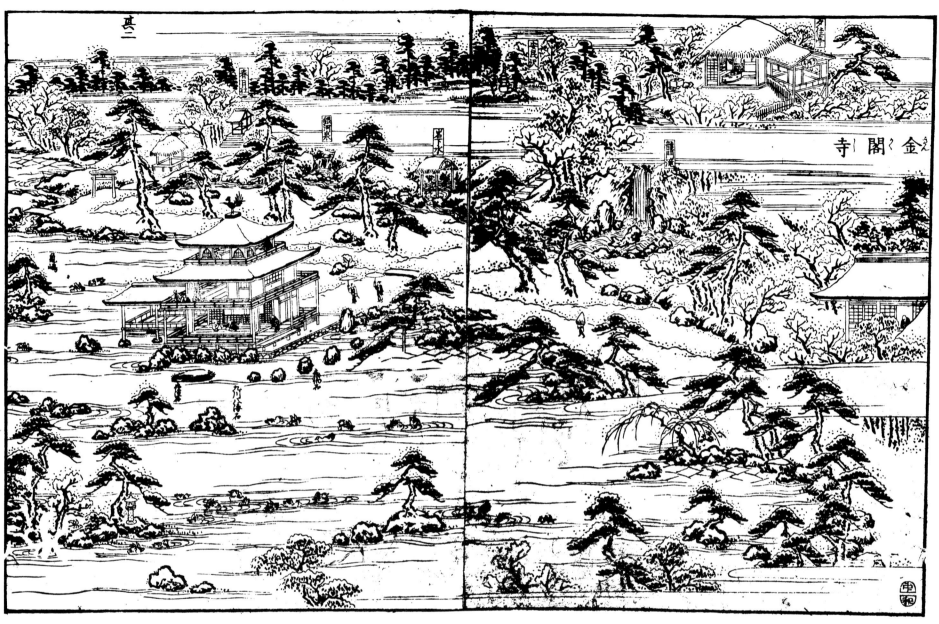

Deux planches du *Livre des Jardins de Kyôto*. 1830.
Jardin du Rokuon-ji, plus connu sous le nom de Kinkaku-ji (Temple du Pavillon d'Or).

La pierre du bas de la cascade est pour tous les Japonais l'image de la carpe qui remonte le courant; carpe dont la légende dit qu'une fois parvenue au sommet de la cascade, elle se transformera en dragon. La carpe, ici pierre-poisson qui tente de remonter vers la source du torrent, c'est l'image de l'homme dans son désir de se confondre avec le Tout. Et véritablement nous sentons la poussée dynamique du rocher qui paraît doué de mouvement tandis que l'eau est immobile. Le graveur a doté le rocher d'une sorte d'appendice, d'une queue de poisson, afin que l'identification soit totale. Juste au-dessus de la cascade, pour évoquer les sommets, il a placé un banc de nuages, ainsi que cela se pratiquait souvent dans les peintures à la hauteur du registre intermédiaire.

167

◁ Sôyû (milieu du XVIᵉ siècle).
  Poète contemplant une cascade.
  Peinture japonaise dans le style chinois.

▷ Kyôto – Jardin du Rokuon-ji.
  Cascade de la Porte du Dragon.

Planche du *Manuel de peinture du jardin pas plus gros qu'un grain de moutarde* de Wang Gai. 1679.

COMMENT PEINDRE LES VAGUES
Les montagnes comme les flots ont des cimes aux formes étranges.
Les rochers sont comparables à des lames qui roulent et se brisent contre
des falaises. Quand la lune se reflète sur des flots agités, les vagues
sont comme des chevaux blancs au galop, et on y découvre montagnes
et pitons dans leur sublime grandeur.
Wang Gai.

LA VOIE DES PIERRES

Mutô Shûi (XIVᵉ siècle). Portrait de Musô Kokushi (1275-1351).
Rouleau sur soie.

Yu Jian, des Song du Sud. Montagnes aux sommets enneigés.
Peinture de l'Ecole Chan.

Le périple des doctrines

Le mot *Chan* est la corruption phonétique du
concept sanscrit *dyâna*: méditer, concentrer son esprit. Le *Chan* fut importé en Chine par l'Indien
Bodhidharma aux alentours de l'an 520, il avait
alors 60 ans. La tradition rapporte qu'il parvint à
l'Eveil après être resté neuf ans immobile en méditation devant un mur. Neuf ans, c'est précisément
le temps nécessaire pour atteindre à la Perception
du Tao en suivant la méthode de l'alchimie interne
mise au point par les Taoïstes.

Huike (487-593) ne fut accepté comme son disciple, et comme deuxième Patriarche, qu'après s'être
coupé le bras comme preuve de sa détermination.
Depuis cette époque, l'enseignement du *Chan* s'est
poursuivi de maître à disciples par transmission
directe.

Jusqu'au troisième Patriarche, Shengcan (mort
vers 606), les adeptes du *Chan* n'ont pas de temples
à eux, ils mènent une vie errante, se nourrissent
d'aumônes, sont en contact étroit avec le peuple

dont ils dépendent pour leur subsistance. C'est ainsi que le *Chan* dès son origine s'imprégna, plus que les autres Ecoles de Bouddhisme, des idées chinoises et taoïstes, comme le témoignent ces préceptes du troisième Patriarche, extraits de son *Inscription sur l'Esprit de la foi :*

> « Ne pourchassez pas le monde soumis à la causalité,
> Ne vous attardez pas dans une vacuité excluant les phénomènes,
> Si vous vous arrachez au phénomène, celui-ci vous engloutit.
> Si vous poursuivez le vide, vous lui tournez le dos.
> Plus nous parlons et plus nous spéculons, plus nous nous éloignons de la *Voie* (Tao),
> Supprimant tout discours et toute réflexion il n'est point de lieu où nous ne puissions aller. »

Dès le VIIe siècle, les disciples du *Chan*, dont le nombre s'accroît rapidement, éprouvent le besoin de s'entraider et de subvenir à leurs besoins au lieu d'importuner les villageois par leur mendicité. Ils fondent des monastères loin des agglomérations et commencent à travailler la terre, cherchant à réaliser l'Eveil dans et par la vie laborieuse. C'est pour ces raisons que le *Chan* put échapper en grande partie aux persécutions qui frappèrent entre 842 et 845 les adeptes des religions « étrangères » et se maintenir plus longtemps en Chine.

La rédaction du premier recueil des règles de conduite à observer dans un monastère, à la fin du VIIIe siècle, marque pour les Japonais la fondation de l'Ecole *Chan* (en japonais *Zen*), qui n'arriva au Japon que dans les dernières années du XIIe siècle.

Ce n'est qu'en 1191 que le moine japonais Eisai, de retour de Chine, introduisit, en même temps que l'usage du thé, les premiers enseignements du *Chan*, en créant l'Ecole zen Rinzai (du nom du moine chinois Linzi, mort en 866). Trente-six ans plus tard, Dôgen, un autre moine qui séjourna en Chine de 1123 à 1127, fonda à son retour l'Ecole zen Soto.

A l'encontre des Ecoles de Bouddhisme ésotérique, Tendai introduite par Saichô en 804, et Shingon introduite par Kukai en 806, qui toutes deux prônaient la Voie des mandalas et des rituels pour parvenir à l'Eveil, le Zen affirme que l'Eveil (en japonais *satorî*), cet éclatement des entraves qui nous lient à nos structures mentales figées, peut et doit être subit et s'obtient par le seul moyen de la concentration de l'esprit.

Sesshû Tôyô (1420-1506). Paysage de style cursif (Haboku-sansui). 1495. Peinture de l'Ecole Zen.

La branche du zen Soto, prêchée par Dôgen, mettait l'accent sur le concept d'*écoute de l'Univers :*

> « Il faut se vider soi-même, et écouter l'enseignement d'un maître authentique, l'écouter, l'écouter, l'écouter. Que vous compreniez ou que vous ne compreniez pas, écoutez. Même en sommeillant, car l'enseignement pénètre par les pores de la peau. »

Anonyme chinois (Xe siècle). Paysage. Section d'un rouleau.

Selon la doctrine *Chan*, l'étude des textes n'est pas nécessaire, plutôt nuisible; l'enseignement doit se faire directement *par le visage*, par transmission de pensée à pensée. Les maîtres du *Chan* laissèrent cependant de très nombreux écrits, mais ce sont plutôt des recueils de discours, des poèmes, et non de grands systèmes dogmatiques. Leurs moyens d'expression favoris furent la calligraphie et la peinture de paysages. Les maîtres du Zen les suivirent dans cette voie, ajoutant, comme moyen de transmettre leur enseignement, à partir du XIVe siècle, les compositions de pierres dans leurs monastères.

En 1342, les Japonais envoient un bateau vers le continent. Les profits réalisés par la vente des objets rapportés furent si élevés qu'ils permirent l'édification à Kyôto d'un nouveau temple, le Tenryû-ji (temple du Dragon Céleste) qui devint le siège d'une branche de la secte zen Rinzai. Par la suite des liens maritimes furent régulièrement entretenus entre ce temple et la Chine des Yuan, puis celle des Ming. Les moines zen de Kyôto qui participaient aux voyages eurent donc de maintes occasions d'admirer les compositions de pierres dans les nombreux monastères de Yangzhou, leur port de débarquement.

Kyôto – Jardin du Monastère zen du Tôfuku-ji. Composition de Mirei Shigemori. 1938-1939.

L'instant pétrifié

L'idéogramme *Mu*: Vacuité. Calligraphie du Maître Junyo Tanaka de l'Ecole bouddhiste Shingon.

Les plus anciennes compositions de pierres d'inspiration zen sont attribuées aux moines du Tenryû-ji, plus précisément au premier abbé du monastère, le poète Sôseki, grand calligraphe et peintre, plus connu sous le nom de Musô Kokushi. En 1339 il édifia pour le Saihô-ji de Kyôto (appelé aujourd'hui Kokedera ou Temple des Mousses) datant de la période Heian, une composition de pierres qui, n'ayant jamais été restaurée, reste le plus ancien exemple de cet art que les moines zen exercèrent. Une composition de pierres qui se voulait la pétrification de l'instant, le saisissement du mouvement de l'eau, non plus par la technique des jeux de l'encre sur le papier mais en s'appropriant une matière pour en exprimer une autre. La montagne d'où la cascade jaillissait n'est même plus suggérée, ni le rocher récepteur des forces. Nous ne voyons plus que la descente sur terre du *Souffle Vital*, dans un tourbillonnement de rochers secs qui paraissent jaillir d'une terre entrouverte, subitement fendue, dont le tumulte chaotique évoquerait les grondements silencieux. Terre qui s'éventre, qui dévoile les affleurements des veines du Dragon.

Cette composition, comme toutes celles réalisées par les maîtres du Zen, est un enseignement, un message possédant autant de niveaux de lecture et de compréhension qu'il y a de degrés d'avancement sur la voie conduisant à la sagesse.

Pour certains, cette cascade bondissante ne représente que la descente du *Souffle Vital*; pour d'autres, elle sera l'image de l'énergie qui peut être libérée par le dénouement de structures mentales sclérosées par de mauvaises habitudes de penser, et rendue disponible pour un fonctionnement sans entraves de l'esprit; pour d'autres encore, l'image des forces d'impulsions passionnelles qu'ils devront capter à leur profit afin de n'être plus dominés par elles, mais pouvoir au contraire les faire fonctionner en vue d'atteindre le *satori*.

Kyôtô – Jardin du Saihô-ji ou Temple des Mousses (Kokedera).
Cascade minérale réalisée par Musô Kokushi. 1339.

Kôyasan – Composition de pierres à l'entrée du Monastère du Sô-ji-in.

Les pierres des monastères Chan

Voyageant de Pékin à Suzhou l'empereur Qian-long logea dans les monastères bouddhiques dont certains, remis en état pour la circonstance, sont aujourd'hui délabrés quand ils n'ont pas complètement disparu. Tous les gîtes d'étape ont été reproduits dans un ouvrage intitulé: *Palais de l'Empereur distribués sur la route de Pékin à Suzhou, à six ou sept lieues les uns des autres*. On voit sur les illustrations que dans chaque monastère figurait au moins une composition de pierres; telles que ces pierres sont dessinées, avec la même précision que les éléments d'architecture, elles appartenaient à la catégorie «pierres du Nord», brunâtres aux arêtes vives, dont le caractère d'austérité s'accordait plus à la discipline monastique que les élégantes pierres du lac Tai. Deux modes d'expression existaient donc parallèlement en Chine, l'un ayant la faveur de la cour impériale et des lettrés, l'autre, restant à l'usage de la méditation, ne dépassait pas l'enceinte des monastères. Lorsque les moines bouddhistes japonais comme Ennin au IXe siècle, Eisai à la fin du XIIe ou Dôgen au XIIIe siècle, se rendirent en Chine pour parfaire leurs connaissances, nous savons que, séjournant de monastère en monastère, ils pouvaient voir et étudier à loisir ces compositions de pierres des maîtres bouddhistes chinois. Connaissant l'étroite filiation des peintures japonaises d'inspiration zen avec celles des maîtres du *Chan* de l'époque Song tels que Liang Kai (p. 182) ou Yu Jian (p. 172), on peut supposer que les premières compositions des jardins zen avaient été, elles aussi, des transpositions de celles, aujourd'hui disparues, élevées dans les monastères *Chan*. Cependant la découverte de l'antique composition de Nara peut, d'une certaine manière, remettre en question l'inspiration uniquement chinoise des artistes zen: elle pourrait faire prévaloir que pour transmettre leurs messages, ils retrouvaient intuitivement une tradition vieille de plus de six siècles, exprimant une sensibilité authentiquement japonaise qui devait perdurer bien au-delà des compositions religieuses jusque dans les jardins des laïcs.

Anonyme (XVIIIᵉ siècle). L'un des *Palais de l'Empereur distribués
sur la route de Pékin à Suzhou, à six ou sept lieues les uns des autres*.
La gravure porte l'inscription: «Xing gong long tan»
ou palais d'étape de la profonde pièce d'eau du dragon. Détail.

Images de l'Univers

L'auteur du Sakutei-ki, amalgamant la Montagne des Immortels et les Iles, concluait son traité, à la place habituellement réservée dans les manuels initiatiques aux révélations importantes, par cette phrase: «Les Chinois mettent en général une source près de la résidence et font une montagne *Horai* (transcription japonaise pour Montagne/Ile des Immortels). L'homme qui demeure dans cette montagne, selon la tradition chinoise, ne meurt jamais, aussi l'Empereur Sui donna-t-il l'ordre de rechercher cette montagne. D'après la tradition japonaise, la Montagne d'Immortalité, c'est le Japon.» Ce dernier message qu'il avait à transmettre exprimait une pointe de condescendance vis-à-vis des puissants voisins continentaux et de leur quête des Iles. Il affirmait que chaque montagne, chaque îlot, chaque monticule de l'archipel, habité par les *kami*, était un lieu divin, une parcelle de ces *Iles des Immortels*.

Les tortues géantes portant les îles mythiques avaient bien évidemment un rapport avec les anciennes conceptions cosmogoniques de la Chine; leur carapace hémisphérique évoquait la voûte céleste, leur face ventrale carrée représentait la terre, c'était par excellence, carré dans rond, l'image de l'Univers tel qu'il était figuré symboliquement par les deux mandalas complémentaires du Diamant et de la Matrice. A partir du XIVᵉ siècle, les maîtres zen dresseurs de pierres prendront souvent pour thème de leurs compositions la tortue; débarrassée de l'île portée, elle sera l'image de l'entité Japon identifié à l'Univers, ou plus précisément à la Réalité Ultime de l'Univers, c'est-à-dire de l'Univers non pas tel qu'il apparaît sous sa forme dualisée aux hommes soumis à la relativité, mais tel qu'il est perçu par celui qui est parvenu à l'Eveil. Pour l'homme qui a atteint cet ultime degré de conscience, la Réalité Ultime de l'Univers apparaît comme Vacuité, Absolu, Non-Créé. C'est dans ce sens ésotérique que la tortue, symbole du Non-Créé – donc du non-soumis à la décrépitude et à la mort – devient celui de l'Immortalité.

La plus ancienne composition de pierres en forme de tortue parvenue jusqu'à nous sans altération fut édifiée par Musô Kokushi en 1339; elle reste aussi la plus célèbre au Japon. «Dans le jardin du moine Musô, sur lequel les siècles avaient

Kyôto – Jardin du Saihô-ji ou Temple des Mousses.

défilé – écrit Kawabata dans son roman *Tristesse et Beauté* – les pierres montraient un tel air d'ancienneté et avaient pris une telle patine que l'on se demandait si c'était la nature ou bien la main de l'homme qui les avait disposées ainsi...»

A tel point que les visiteurs non avertis de ce Jardin des Mousses passent à proximité de cette œuvre d'art sans la remarquer, mais pour l'héroïne de Kawabata, peintre japonaise, «à voir les formes anguleuses et rigides des pierres qui pesaient sur elle d'un poids presque spirituel, il ne faisait pas de doute que c'était une œuvre humaine».

Selon Mirei Shigemori, les mousses qui entourent la composition seraient l'œuvre de la nature dans une période d'abandon du jardin; il suggère que l'environnement était à l'origine fait de graviers blancs. Aujourd'hui, tout en semblant flotter sur un océan de mousses, chaque rocher, profondément ancré dans le sol, jaillit d'une mer houleuse

et s'arc-boute pour supporter le choc des vagues. Dans la cascade pétrifiée Musô Kokushi avait exprimé le déferlement des énergies libérées; il présente ici la violence de ces mêmes énergies mais contenues dans leur état d'équilibre sous tension. La représentation des forces *Yin* et *Yang*, souvent figurée en Chine par les cavités de la pierre, ces espaces de vide nécessaires au mouvement, est, selon des règles esthétiques spécifiquement japonaises, exprimée par les intervalles entre les rochers.

A l'inverse de la majorité des compositions édifiées plus tard pour être contemplées d'un point fixe, cette composition-tortue de Musô Kokushi que l'on découvre au détour d'un léger mamelon dans le parcours du jardin, n'est jamais perçue dans son ensemble: c'est de l'infinie variété des points de vue, le Tout-Multiple, que naîtra la vision de son unité foncière: le Tout-Un.

Pour les disciples du Zen, l'Eveil s'obtient plus rapidement par une contemplation humble et attentive du monde, jusque dans le plus infime et le plus concret de ses manifestations, que par celle des mandalas. On peut donc se demander pourquoi Musô Kokushi l'Eveillé, pour transmettre son expérience mystique, utilisa des thèmes aussi riches en valeurs symboliques que la cascade ou la grue. Il faut probablement voir là l'illustration d'une démarche très caractéristique de l'enseignement du Zen, selon laquelle le novice ne peut progresser que par une remise en question continuelle du fonctionnement de son mental. L'Eveil ne s'atteint que par l'éclatement des structures de pensée qui justement font voir une cascade ou une tortue là où ne sont que quelques simples pierres. Contemplées dans un état de complète réceptivité, une composition de pierres, comme tout Objet, n'a d'existence que par le Sujet qui la contemple.

181

Attribué à Liang Kai, des Song. L'Immortel.
Rouleau sur papier.

Le peintre *chan*, conscient de la présence d'une réalité supérieure
et universelle qui englobe la diversité chaotique de tous les phéno-
mènes, veut en transmettre la connaissance intuitive, immédiate,
par sa peinture. En général, il définit son sujet à l'aide de quelques
indications essentielles, et tout le reste sera ambigu, suggéré,
immanent. Le spectateur doit compléter l'image qui lui est offerte,
tout comme le novice *chan* doit intégrer les unes aux autres, par
l'intuition, les affirmations courtes et difficiles de son maître spirituel.

J. Cahill, *La peinture chinoise*.

LES PEINTURES
TRANSPOSÉES

Kyôto, ensemble des Monastères zen du Daitoku-ji – Jardin du Ryôgen-in.

La cascade et l'île

Premier abbé du Tenryû-ji, Musô Kokushi aurait, réduisant l'étang déjà existant, composé sur la rive opposée à la salle de méditation, une cascade qui, lors de la parution du *Livre des Jardins de Kyôto*, était encore alimentée par l'eau dévalant le long des rochers qui se dressaient par plans successifs.

Cette cascade s'inspirait des peintures de l'époque Song que les moines, depuis les premières années du XIIIe siècle, avaient rapportées. Mais Musô Kokushi fut sans doute le premier à introduire au Japon la création en trois dimensions des peintures chinoises de paysage afin de réaliser des compositions à contempler d'un point fixe.

Si le Zen doit tout au *Chan* et cette cascade tout à la peinture Song, ce jardin n'est pas pour autant une transposition de jardins chinois, selon ce que nous en connaissons, y compris par les dessins des gîtes d'étape de l'empereur Qianlong. Les éléments qui plaident en faveur de l'originalité sont à lire précisément dans la relation entre la chute d'eau et l'étang. Le plan d'eau situé au bas de la cascade qui, à travers le *Chan*, transmettait l'essence de la pensée taoïste, illustrée par la peinture chinoise, n'est ni l'expression d'un lac de montagne, ni celle du torrent assagi : lieu de concentration du *Souffle Vital*, mais à cause de la présence de l'île récif qui surgit de l'étang à droite de la cascade, une évocation de l'espace japonais. L'étang porte l'image de la mer ; dans le Taihei-ki, ouvrage relatant la construction du Tenryû-ji, il est noté que «les rochers symbolisent les montagnes dans le brouillard»... que «les plantations d'arbres reproduisent le bruit des vagues». L'île, symbolisant l'archipel, est également présente pour, parallèlement à l'expression de la descente du dragon, rappeler que les *kami* tutélaires du Shintoïsme ont besoin de la montagne pour être honorés par les hommes et qu'un lieu purifié est nécessaire à leur descente. Ces deux éléments majeurs, la cascade et l'île, que Musô Kokushi avait réunis au Tenryû-ji, seront les composantes essentielles des jardins zen édifiés jusqu'au XVIIe siècle.

Anonyme chinois (Xe siècle). Paysage. Section d'un rouleau.

Kyôto – Jardin du Temple du Dragon Céleste (Tenryû-ji).
La cascade et l'île, œuvre de Musô Kokushi. 1342.

Les trois plans du paysage

L'expression de la haute montagne dans la peinture est beaucoup plus un exercice de style sur un thème philosophique qu'une exactitude de paysage. Pour la *matérialiser* dans l'espace du jardin, l'artiste chinois a souvent choisi d'élever une haute falaise (p. 76) afin que le spectateur privilégié, c'est-à-dire celui pour qui le jardin fut conçu, ou celui qui l'édifia, puisse, depuis un petit pavillon, lire cette œuvre comme il lirait une peinture: le tiers supérieur se détachant sur le ciel, le tiers inférieur se reflétant dans le bassin.

Dans le Jardin de la Petite Vallée Serpentine de Yangzhou, le rocher dragon qui se dresse à dix mètres au-dessus du plan d'eau ne pouvait cependant pas être contemplé à plus de quatorze mètres de distance. Le lettré, assis dans son pavillon de rêverie, pouvait du regard embrasser l'ensemble mais il devait lever ou baisser la tête pour apprécier les détails de la même manière que devant une peinture verticale.

Quittant l'univers du jardin chinois où une falaise-montagne de dix mètres de haut ne paraît pas démesurée par rapport à l'immensité du territoire, nous ne pouvons être que saisis par la diamétrale différence de l'expression de la montagne dans le jardin japonais. Non pas, comme on pourrait le penser, que les compositions de pierres allaient subir un «rétrécissement» en relation avec la conscience que les Japonais avaient de l'exiguïté de leur archipel mais – celui-ci n'étant qu'un arc montagneux – parce que, les hauteurs restant proches, point n'était besoin de les exprimer, il suffisait d'en représenter la quintessence.

Avec ses cinq mètres de haut, la cascade du Tenryû-ji pouvait être perçue dans son entier depuis la salle de méditation, à quarante mètres de distance, par un spectateur immobile, sans qu'il ait même besoin de lever ou de baisser les yeux. Fixant son regard sur la cascade, il en détaillait tous les éléments tandis que, par sa vision périphérique, il percevait l'étang au-dessous et la colline d'Arashiyama au-dessus.

Mais l'espace réservé aux Jardins de Longévité a toujours été fonction des moyens de ses propriétaires, ainsi nombreux sont en Chine ceux de modeste surface qui ont disparu. Au Japon, et particulièrement à Kyôto, tout au long des XIVᵉ et XVᵉ siècles, de nombreux monastères de l'Ecole Rinzai furent édifiés, principalement dans les grands ensembles du Myôshin-ji à l'Ouest et du Daitoku-ji au Nord de la capitale; ce dernier était composé de trente-trois petits monastères groupés autour du temple central. L'espace réservé à chacun des monastères se trouvait de ce fait limité; les moines zen furent contraints de concevoir des jardins de méditation de dimensions très réduites. Cette exigence les poussa à rapprocher la composition de la cascade de son point d'observation, donc à réduire proportionnellement sa hauteur en fonction de la distance disponible. De cette manière il suffisait d'élever une composition n'excédant pas un mètre soixante-cinq pour obtenir, à dix mètres de là, une vision de même nature que celle de la cascade du Tenryû-ji.

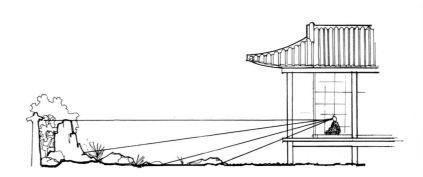

On peut se demander si les jardins de Kyôto, devenus si célèbres qu'ils attirent aujourd'hui quotidiennement des milliers de touristes, peuvent encore offrir, aux spectateurs d'un instant, le message de leurs créateurs; mais il existe toujours des jardins plus discrets dans lesquels il est possible, en se tenant accroupi au centre de l'estrade bordant la salle de méditation, d'analyser dans le silence et la solitude la méthode utilisée par les moines zen pour transposer en trois dimensions les paysages de la peinture chinoise.

Kyôto, Temple du Nishi Hongan-ji – Jardin Kokei évoquant un paysage célèbre de Chine.

La peinture de Wang Fu *Lettrés se réunissant dans un pavillon de montagne* (p. 190) est assez caractéristique des peintures de lettrés de la période Ming; nous y retrouvons les thèmes classiques de la cascade, de la descente du dragon, des montagnes lointaines et la division en trois registres de la composition. Si nous la comparons avec cette composition de pierres, œuvre du peintre Kanô Motonobu, nous remarquons que l'espace de la peinture chinoise a été reproduit en mettant à plat les deux tiers inférieurs de la composition, et que seul le tiers supérieur est évoqué par les pierres dressées. Cette méthode, que nous retrouvons dans de nombreux jardins, permet d'une part de n'utiliser que des pierres de petites dimensions, et en cela de suivre la tradition ancienne: «pas plus d'un mètre cinquante de haut», et d'autre part de mettre le spectateur en contact direct avec la composition, comme s'il était lui-même l'un de ces personnages habituellement figurés dans le tiers inférieur des peintures.

En mettant en parallèle telle composition de pierres japonaise avec telle peinture chinoise, nous n'avons aucunement la prétention de prouver que l'artiste japonais eut entre les mains cette même peinture. La confrontation des compositions de pierres japonaises avec des peintures chinoises n'a pour but que d'illustrer les mécanismes de transposition et l'étonnante fidélité que les artistes japonais témoignèrent aux conventions picturales élaborées par les lettrés chinois, tant sur le plan des formes que de la composition.

«Les divisions, lorsqu'elles se font selon la méthode des trois plans successifs ou des deux sections – écrit Shitao dans ses *Propos sur la peinture* (Chap. X) – semblent devoir vouer le paysage au gâchis; les seules divisions qui ne sont pas néfastes sont celles tracées par la Nature elle-même [...] Si, pour chaque paysage, on se livre à une sorte de déchiffrage et de découpage en morceaux, le résultat ne sera pas vivant pour un sou, car l'œil en découvrira aussitôt la fabrication.

»La division en trois plans consiste en un avant-plan pour le sol, un deuxième plan pour les arbres et un troisième plan pour la montagne. Mais là-devant, comment le spectateur pourrait-il éprouver

Kyôto, ensemble des Monastères zen du Myôshin-ji – Jardin du Taizo-in attribué au peintre Kanô Motonobu (1476-1559).

Anonyme, des Yuan.
Village de pêcheurs
en automne.
Rouleau sur soie.

189

Wang Fu, des Ming (1362-1416). Lettrés se réunissant dans un pavillon de montagne. Rouleau sur papier.

Kyôto, ensemble des Monastères zen du Myôshin-ji – Jardin du Taizo-in.

une sensation de profondeur? Si l'on peint selon cette méthode des trois plans, en quoi le résultat se différencie-t-il encore d'une planche gravée?

» La division en deux sections consiste à placer la scène en bas, la montagne en haut, et conventionnellement, on ajoute encore des nuages au milieu

pour accuser plus clairement la séparation des deux sections.

» Ce qu'il faut, en fait, c'est que les trois éléments de la composition soient tous traversés d'un même souffle; ne restez pas enlisé dans ces conventions pédantes de trois plans et de deux sections; au contraire, attaquez avec impétuosité de manière que toute la force des coups de pinceau puisse se manifester; et quand bien même vous vous engageriez dans une succession de mille cimes et de dix mille vallées, le tout sera sans la moindre banalité vulgaire.

»Du moment que les trois éléments de la composition sont habités par l'esprit, même s'il y avait encore çà et là quelques faiblesses de détail, celles-ci ne sauraient plus nuire à l'ensemble.«

Est-il encore possible, après avoir cité Shitao, de reprendre une analyse relativement descriptive d'une peinture chinoise sans paraître se livrer à un découpage stérile? Mais nous ne pensons pas que le peintre Leng Qian appartenait à la catégorie des laborieux qui «s'enlisent dans ces conventions pédantes» de certains peintres plus tardifs auxquels il faisait allusion. Ce paysage de Leng Qian correspondant parfaitement aux divisions notées par le Moine Citrouille-amère, nous nous contenterons de préciser quelques détails, partant du bas de la composition. Le registre inférieur présente en un plan d'eau assagi les courants tumultueux descendus des hauteurs passant par le registre central où nuées et condensations ont donné naissance à une riche végétation sylvestre ponctuée de quelques habitations de simples forestiers ou de sages retirés; dans le registre supérieur le traitement des sommets exprime très précisément la structure vivante de la matière et, plus que ses veines, l'échine dorsale du dragon unique. Revenant au registre inférieur nous retrouvons, au-delà du pont, un rocher qui, sans équivoque, répète la forme de l'un des sommets.

Afin de lire correctement la mise en parallèle de ce paysage et de la cascade du Daisen-in (p. 193), il faudra abstraire le haut rocher à gauche qui, séparé du groupe cascade par un léger espace, appartient à une composition voisine ou, plus exactement inclut ce groupe dans un second thème que nous traiterons plus loin (p. 200).

Dans le jardin, la cascade, que l'eau soit réelle ou comme ici exprimée par du gravier, est tant par sa conception que par sa réalisation une création japonaise bien que directement inspirée par les peintures de paysage de Chine. Dans ce sens, la composition du Daisen-in est une des plus fidèles transcriptions du message de la cascade chinoise; elle est le saisissement d'un thème profond cher aux Taoïstes: la descente du *Souffle Vital* et son rayonnement sur les hommes et les choses. Nous découvrons alors que le créateur de la cascade du Daisen-in n'a

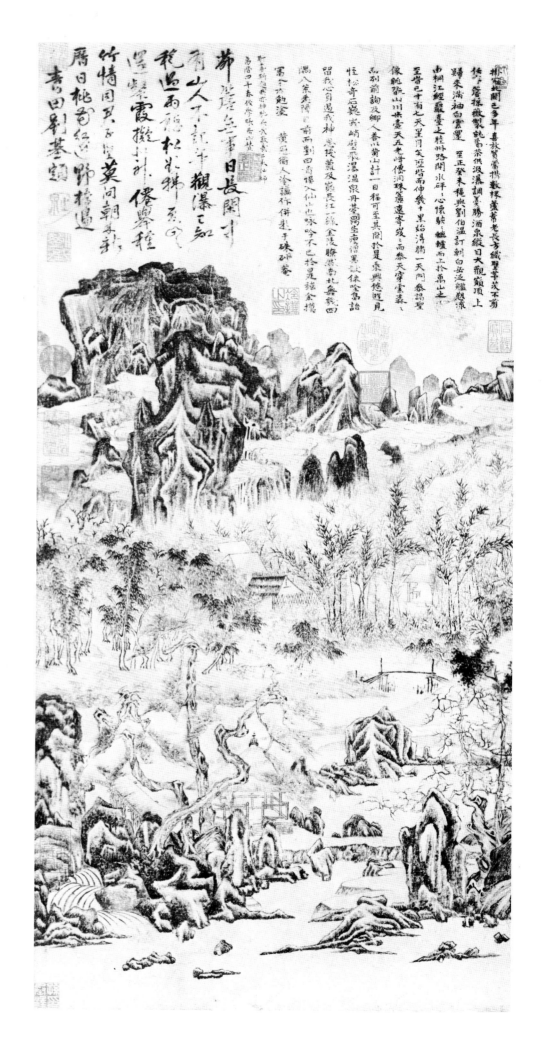

Attribué à Leng Qian, des Ming (vers 1310-1371).
Le mont Boyue ou Jinhuashan (Anhui).
Rouleau sur soie.

191

Fang Congyi, des Yuan (encore vivant au début des Ming).
Montagnes surnaturelles et forêts lumineuses. Rouleau sur papier.

conservé, ne traitant plus le paysage en trois mais en deux registres, que les parties essentielles: à l'avant-plan, l'arrivée des énergies vitales sous la forme du torrent dont le courant a été ralenti par les pierres en aval du pont; puis au pied des sommets la cuvette des eaux de ruissellement. Toutes les pierres, dressées ou affleurant le gravier, ont été choisies pour que dans leurs formes et leurs structures soient évoquées les *veines du dragon*.

Pour comprendre la démarche de ces créateurs, il faut rappeler que pour les moines zen les compositions de pierres avaient un but didactique: il s'agissait de retransmettre l'enseignement des maîtres du *Chan* et cet enseignement ne pouvait être communiqué que d'esprit à esprit ou par le truchement d'une œuvre d'art inspirée.

Nous avons vu dans la partie chinoise que la peinture de paysage et les compositions de pierres des Jardins de Longévité, nourries par les principes appartenant à la vision cosmique de l'Empire du Milieu et les règles du *Fengshui*, avaient cependant donné des expressions différentes: le jardin n'était pas réellement la mise en trois dimensions d'une peinture de paysage. Notre insistance, pour décrypter le jardin japonais, à poursuivre nos références à la peinture chinoise plutôt qu'à la peinture japonaise pourrait poser question au lecteur: dans les périodes antérieures aux jardins zen déjà, par l'adoption de la technique de l'encre et du pinceau, les Japonais devaient tout à la Chine. Dans leurs calligraphies les moines zen se sont directement inspirés, souvent à plusieurs siècles de distance, de celles des maîtres du *Chan* dans le dessein de reprendre et de poursuivre des techniques identiques de méditation. En peinture, ils reprirent les techniques, souvent les paysages, même s'ils y privilégièrent les thèmes bouddhiques et y inclurent des visions typiques de leur archipel. Cependant ce n'allait pas être dans leur propre peinture qu'ils puisèrent l'inspiration pour la création de leurs jardins. Dans leurs compositions de pierres, absolument originales par rapport à leurs homologues du continent, ils s'inspirèrent directement auprès des grands peintres chinois qui avaient pu transmettre si pleinement par leurs œuvres le grand souffle cosmique de leur philosophie. Pour ne pas déformer l'indicible message, ils s'appliquèrent à transposer le plus fidèlement possible ces peintures initiatiques dans les jardins de méditation de leurs monastères. L'absolue fidélité aux modèles d'origine est indispensable au maintien du contenu ésotérique de l'enseignement.

Kyôto, ensemble des Monastères zen du Daitoku-ji — Jardin du
Daisen-in. Cascade minérale attribuée à Sôami (1472-1523).

Le moine zen a installé son hôte le dos aux pierres d'une peinture transposée, dans le rayonnement du Jardin de Longévité. Préparant le thé, Lu Tong s'imprègne également du *Souffle Vital*; mais il n'est pas anodin que l'artiste l'ait représenté se détournant d'une composition très élaborée: il illustre ainsi l'histoire de Lu Tong refusant toute ascension sociale que le rocher et le bananier symbolisent.

Deux images proposées pour le cérémonial du thé que Tang et Song pratiquèrent et que reprirent et exaltèrent les moines zen à partir du XVᵉ siècle. Regardant les crapauds saluer la pluie de l'automne, écouter Lu Tong, parfait lettré de la dynastie Tang, chantant le thé: «La première tasse humecte ma lèvre et mon gosier, la seconde rompt ma solitude, la troisième pénètre dans mes entrailles et y remue des milliers d'idéogrammes étranges, la quatrième me procure une légère transpiration, et tout le mauvais de ma vie s'en va à travers mes pores; à la cinquième tasse, je suis purifié; la sixième m'emporte dans le royaume des Immortels. La septième! Ah! la septième... mais je n'en puis boire davantage! Je sens seulement le souffle du vent froid gonfler mes manches. Où sont les Monts des Immortels? Ah! laissez-moi monter sur cette douce brise et qu'elle m'y emporte!»

Planche du *Livre des Jardins de Kyôto* présentant le Jardin du Reiun-in de l'ensemble des Monastères zen du Daitoku-ji. 1830.

ART ET LONGÉVITÉ

Attribué à Qian Xuan, des Song. Lu Tong prépare le thé.
Rouleau sur papier.

195

Philosophie chinoise, perception japonaise

Le Jardin du Daisen-in créé en 1509 se déploie dans un arc Nord-Est-Sud. La cascade (p. 193) implantée au Nord-Est protège les bâtiments des influences néfastes provenant de cette direction, protection renforcée par la présence d'une composition de trois pierres, les *san zon seki*, ou pierres des Trois Saints, dans la partie gauche.

De part et d'autre de la cascade on retrouve les familières compositions tortue à gauche et grue à droite, le Japon sous sa forme allégorique d'*Ile des Immortels*. L'ensemble forme ainsi une barrière protectrice en forme de fer à cheval selon les règles du *Fengshui*. Les énergies du *Souffle Vital*, descendues de la montagne, sont ralenties par les blocs de rochers disposés au pied de la cascade. La pierre, à gauche du pont, évoque de façon très réaliste la violence des chocs de l'eau sur les pierres et le grondement du déferlement des vagues. En aval du pont, nous entrons dans une zone plus calme. Le monastère semble ainsi, tout entier, placé dans un *terrier de dragon* et les moines peuvent bénéficier des effluves régénératrices du *Souffle Vital*.

Sur le plan publié en 1735 est présenté l'angle Nord-Est du jardin. A droite un simple trait signale

Kyôto – Jardin du Daisen-in.
Première partie du Jardin: la Grue.

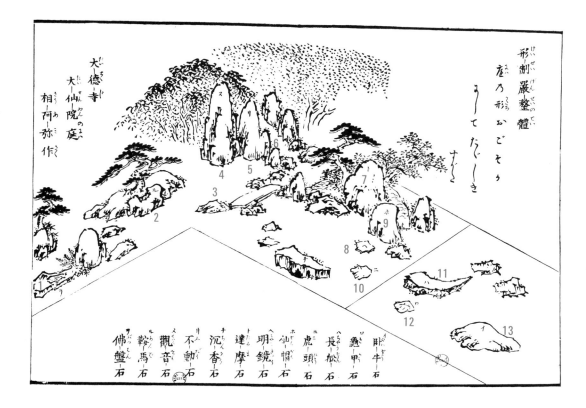

Kyôto – Plan du Daisen-in.
Planche du tome III du *Tsukiyama Niwatsukushi no den* (tradition de la construction des montagnes artificielles et des jardins) par Sigeyoshi. 1735.

1 Empreinte du pied du Bouddha
2 Ile de la Tortue
3 Pierre éclaboussures
4 Pierre de Kannon
5 Pierre de Fudô
6 La cascade
7 Pierre de Daruma
8 Pierre du miroir brillant
9 Pierre tête d'ermite
10 Pierre tête de tigre
11 Le bateau des trésors
12 Pierre tortue
13 Pierre du buffle endormi

Première partie du Jardin: au pied de la cascade minérale, la pierre évoquant le rejaillissement de l'eau.

Deuxième partie du Jardin: à gauche, la pierre dite du Bateau des Trésors; à droite, la pierre Mont Hiei (Eisanseki).

l'étroite passerelle couverte qui sépare la première partie du jardin de la suivante. Le second jardin découle, dans tous les sens du terme, du premier. Son thème, assez rarement évoqué dans les jardins qui subsistent, est celui du Fleuve au cours assagi qui ondule comme un dragon: le Dragon de l'Est dont les veines sont figurées par les traces du rateau dans le gravier blanc. A gauche, une pierre couchée, en forme de nef, y dérive lentement devant un paysage de montagnes et de collines se détachant sur le ciel blanc du mur de clôture. L'ensemble est traité à la manière d'un *makemono* (rouleau peint ou écrit se déroulant horizontalement) qui serait lentement regardé. Mais courte est la distance à parcou-

rir des yeux de la gauche vers la droite jusqu'à l'extrémité du bief, comme brève est la vie de l'homme.

Passant la dernière écluse, le *flux vital* oblique vers l'Ouest pour se jeter dans une mer figurée par une étendue de graviers blancs; là se situe, en léger contrebas, la troisième partie, c'est-à-dire le jardin du Sud. Le monastère se trouve donc ainsi tout entier dans le *ventre du dragon*.

Une partie du message du créateur du Daisen-in se trouve en ce jardin du Sud sous la forme de deux monticules de gravier. Il serait vain et hasardeux de leur chercher une explication unique: le cycle du dragon étant continu, il est logique de voir, en ces deux tertres qui pointent vers le ciel, la suggestion du mouvement ascendant des énergies, l'envol du *dragon bondissant*, l'amorce de sa course céleste, sous forme de nuages, précédant son retour sur terre au sommet des montagnes. Dans un contexte shintoïste, ces deux tertres peuvent être rapprochés des deux cônes de sable blanc édifiés dans le sanctuaire de Shimogamo, à Kyôto, à l'occasion de certaines fêtes (p. 154) en tant qu'illustration de la légende de la création du Japon :

«A ce moment-là, les gouttes salées qui tombaient de la hallebarde se superposèrent et devinrent des îles»,
dit le Kojiki.
Nous avions donc présenté la cascade en tant que modèle de transposition d'une peinture de paysage (p. 185), mais ici, nous considérons l'ensemble du

jardin comme une tentative syncrétique entre les idées philosophiques chinoises et la perception japonaise d'un Univers dans lequel une certaine sensibilité esthétique est mise en mouvement.

Dans le contexte d'un monastère zen, et c'est un point important à souligner, il faut garder présent à l'esprit que le but du Bouddhisme est de vaincre la mort en rompant le cycle des renaissances ; nous pouvons penser que, dans ce sens, la présence de ces deux monticules de gravier est également liée au concept d'Eveil et d'Immortalité. C'est ainsi que cette troisième partie du jardin, de par sa situation après celle illustrant la vie humaine, nous renvoie à la première peuplée de *dai sen*, «Grands Immortels» pour qui l'Univers n'est plus perçu sous une forme dualisée.

Troisième partie du Jardin.

Trois, cinq, sept pierres

Kyôto, Monastère zen du Daitoku-ji – Angle Nord-Ouest du Jardin de la Maison mère (Hôjô).
Planche du *Livre des Jardins de Kyôto*. 1830.
Vue actuelle. *Détails p. 201.*

Dans le jardin de méditation du *hôjô*, maison mère du Daitoku-ji, au Nord-Ouest de la résidence de l'abbé, les trois pierres dressées évoquent aussi une cascade. A l'origine, et cela apparaît encore sur les planches du *Livre des Jardins de Kyôto*, la composition était organisée afin que, dans le lointain, la colline d'Arashiyama serve d'arrière-plan selon la technique du *paysage emprunté*. Mais ici, comme au Tenryû-ji, on a laissé se développer les arbustes au point que la composition se trouve amputée de son registre supérieur. La descente du *Souffle Vital*, à l'origine canalisée depuis le plan lointain des sommets jusqu'au pied de la cascade en passant par les pierres dressées, n'est plus aujourd'hui lisible. La cascade est devenue le plan principal, sinon unique d'une composition qui se démarque légèrement des autres évocations de cascades : dans ce sens que la référence à la peinture de paysage y est beaucoup moins évidente.

Le document photographique de la cascade minérale du Daisen-in montrait sur la gauche une pierre dressée appartenant à une composition voisine dite *san zon seki* ou pierres des Trois Saints si étroitement accolée qu'un spectateur peu attentif pourrait croire qu'elle fait partie de la cascade. Le groupe des Trois Saints se retrouve dans de nombreux jardins japonais ; son origine, assez ancienne et peu précise, semble résulter du brassage et de l'assimilation de plusieurs concepts au travers desquels nous pouvons discerner celui du *Tao* dans l'une des définitions de Laozi :

> «Le Tao engendre l'Un, l'Un engendre Deux, Deux engendre Trois, Trois engendre l'infinité des créatures.»

Plus que la philosophie, la mythologie bouddhiste reprendra ce Trois pour exprimer la représentation du *moi en trois corps* : les groupes «Trois Saints» sont toujours des pierres dressées, relativement hautes et disposées côte à côte sur un même axe, qui ont également pour rôle de canaliser les forces surnaturelles de l'univers cosmique japonais, c'est-à-dire de favoriser la descente des esprits tutélaires. Le Sakutei-ki, dans le chapitre traitant des cascades, indique : «Fudo Miyo (pseudonyme d'un Maître de Jardins de la période Heian) nous a dit : *les cascades sont aussi l'image des Trois Saints*» ; nous pensons que c'est dans cette superposition des sens que cette cascade composée de trois pierres dressées peut être lue.

Tel que le graveur a représenté l'angle Nord-Ouest du jardin, dans une vue plongeante avec, en premier plan, une partie de la toiture de la salle de méditation, on voit à droite de la cascade une composition de pierres où s'affrontent Grue et Tortue. Les groupes de pierres de la partie gauche, le long d'une haie taillée, méritent une grande attention pour les messages qu'elles vont transmettre. Il faut noter que l'orientation dans un axe Nord-Sud les situe dans le prolongement des courants descendus des sommets lointains, au-delà donc de l'angle du mur de clôture, et que la cascade avait réunis. La hauteur de ces groupes va en diminuant au fur et à mesure qu'ils s'éloignent de la chute d'eau, comme autant d'éboulis que le courant aurait charriés. Chacun se compose d'une pierre dressée accompagnée de pierres couchées (mais parfois aussi un petit buisson taillé en boule qui supporte le même sens), pour ce type de composition le Sakutei-ki donnait pour précepte:

«Une fois les pierres disposées, l'une d'elles doit dominer. A propos de ceci existe un secret: les pierres doivent former une pente. Les eaux de la rivière frappent ces pierres puis changent de direction; chacune d'elles doit être suffisamment robuste pour résister au courant. Comme graduellement la force du courant diminue, il faut exprimer cette diminution de force, créer une légère émotion esthétique...»

Dans cette lecture se retrouve donc une analogie avec la représentation des cours d'eau descendant par étapes de la montagne, tels qu'ils sont rendus par la peinture chinoise de paysage; les pierres dressées contre le courant qu'elles régulent, tout en s'imbibant des effluves bénéfiques qu'elles transmettent aux pierres couchées, ont été choisies pour la qualité de leur sommet et pour l'expression des *veines du dragon*. Nous avons préféré présenter d'abord ces compositions en tant que rochers, parcelles de montagne drainées par les eaux, mais comment ne pas voir également dans ces groupes de trois, cinq ou sept pierres, la série de nombres impairs étant considérée au Japon de bon augure, la représentation de l'archipel japonais jailli de la poussée formidable des fonds marins? Ainsi, des

pierres profondément ancrées dans le sol ne surgit que le sommet. De plus, l'évocation d'îles se trouve renforcée par les plages de mousses qui entourent chaque composition. Elles semblent étirées certes dans le sens du courant, mais reproduisent en même temps l'allongement caractéristique de cette bande montagneuse et volcanique qui sépare l'océan Pacifique de la mer de Chine. Elles ont avec les pierres exhumées à Nara (p. 162) en commun d'être une expression spécifiquement japonaise.

Le thème des îles connut un grand développement particulièrement dans les jardins zen. On peut

Au Ryôan-ji de Kyôto, quel que soit le point de vue adopté, on aperçoit les quinze pierres sauf une. Expérience mystique d'un monastère bouddhique zen? Ou bien toute mystique consiste-t-elle à thématiser le silence inhérent à la signification, où chaque désignant est, de proche en proche, l'interprétant des autres, et où il n'y a jamais de dernier interprétant ni de dernier interprété.
Henri Van Lier, L'animal signé.

Planche extraite d'un livre de Suzuki Harunobu (1725-1770).

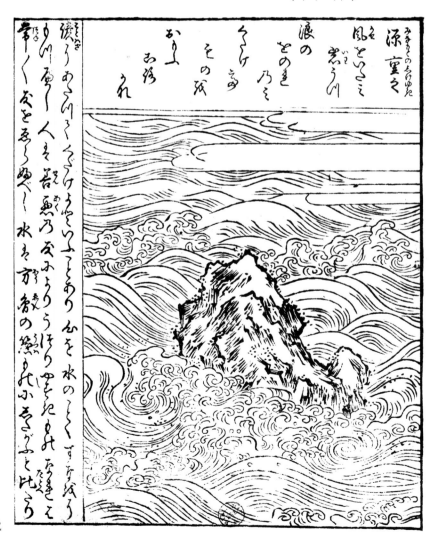

considérer que son aboutissement se trouve dans les compositions de pierres du jardin du Ryôan-ji qui ne sont, dans leur entier, que l'expression de l'espace-Japon. Elles semblent cependant avoir beaucoup plus fasciné les voyageurs étrangers que les chercheurs japonais.

Jardin sans doute le plus célébré au Japon, le Ryôan-ji est officiellement attribué à Sôami qui vécut à la fin du XVe et au début du XVIe siècle.

Il est vrai que dès qu'un maître Zen de haute renommée avait séjourné dans un monastère, la postérité qui écrit l'histoire s'empresse de lui attribuer tous les chefs-d'œuvre de l'endroit. Peut-être paraît-il inconvenant d'ignorer le nom de celui qui créa une œuvre de qualité? Et il semble que la chronique oublia celui de l'obscur artiste qui composa le jardin de pierres du Ryôan-ji.

Cette attribution à Sôami prête cependant à quelques réflexions, car la mention de ce jardin n'apparaît dans aucun texte antérieur au XVIIe siècle. Par contre, à l'époque de Hideyoshi existait dans l'enceinte du monastère un jardin à étang alors célèbre pour ses cerisiers qui au moment de la floraison attiraient de nombreux admirateurs. Ce jardin existe toujours mais n'est plus guère visité.

Le jardin de pierres du Ryôan-ji appartient au type «trois-cinq-sept», c'est-à-dire qu'il comprend trois groupes de pierres composés de

trois pierres
trois pierres plus deux pierres
cinq pierres plus deux pierres.

C'était un type de jardin classique à la période Momoyama (1573-1603). Il s'insérait dans la ligne des jardins minéraux, exercices d'abstraction des moines Zen. Il paraît d'ailleurs en être le magistral aboutissement.

Mais cette composition semble être aussi influencée par les *bon seki* ou arrangements de cailloux sur un plateau recouvert de sable, jeu raffiné des esthètes du XVIIe siècle qui consistait à composer quelques cailloux sur un plan horizontal selon une certaine harmonie et en suivant les règles de l'arrangement de pierres dans les jardins.

Ainsi les *bon seki* s'étaient inspirés des jardins et le Ryôan-ji reproduisait un *bon seki* à l'échelle du jardin. La boucle était bouclée. Après cet ultime exercice de style les maîtres de jardins devaient passer à une autre forme d'expression.

Plus qu'une œuvre d'avant-garde, le Ryôan-ji nous paraît être l'aboutissement extrême et parfait qui marque la fin d'une période.

Kyôto – Jardin du Monastère zen du Ryôan-ji.

Le message des Jardins de Longévité

«Or donc, ce qu'on appelle *art*, par le fait qu'il apaise les esprits de tous les hommes, et qu'il produit l'émotion chez les grands et chez les humbles, pourrait constituer le point de départ d'un accroissement de longévité et de bonheur, un moyen de prolonger la vie.»

Le grand dramaturge japonais Zeami (1365-1443) est probablement l'auteur de cette définition, l'une des plus rayonnantes qui aient été données de l'art, quoiqu'il l'ait présentée dans *La tradition secrète du Nô*[25] comme extraite du livre (hypothétique) des «Secrets». Il l'avait tracée à l'intention des acteurs: au Japon, ainsi que dans d'autres civilisations, le théâtre – issu d'un fond religieux très ancien – avait au cours des temps perdu ses origines religieuses pour devenir une distraction profane. Par son traité Zeami replaçait l'expression dramatique à un niveau plus élevé. En choisissant de le citer, outre pour la beauté du texte, nous faisons directement le lien entre le dresseur de pierres et l'acteur: l'un et l'autre tendant par leurs créations à irréaliser le réel et réaliser l'irréel, c'est-à-dire précisément exercer un art.

Les règles du *Fengshui* avaient en Chine défini les structures favorables à l'implantation de *la résidence idéale*: d'autres règles, proches ou éloignées, avaient au Japon imposé des contraintes. C'est à travers elles que les créateurs des Jardins de Longévité, artistes anonymes ou célèbres, ont œuvré. Au travers du Sakutei-ki nous avions décelé les buts fondamentaux du jardin japonais; nous les reprenons en conclusion tant ils nous apparaissent également perceptibles dans les compositions des jardins chinois.

Recréer symboliquement un environnement idéal dans lequel l'homme puisse s'insérer et vivre heureux.

La recréation symbolique d'un environnement idéal: quel homme du bassin méditerranéen, berceau des civilisations judéo-chrétiennes, elles-mêmes issues des précédentes, n'avait eu cette am-bition du Jardin reflet d'un Eden fantasmé ou concrétisé? De ce fait il faudrait considérer ce premier but comme appartenant à l'*Homo Universalis*.

Etre une vision de la «Terre Pure» de Bouddha Amida, de l'Unité Cosmique de celui qui parvient à l'Eveil.

Au XIIᵉ siècle, moment de la rédaction du Saku-tei-ki, l'Amidisme était en faveur à la cour impériale de Kyôto. Selon cette doctrine de salut, l'Eveil ne peut s'obtenir au cours de l'existence terrestre: les fervents du Bouddha Amida parvenaient après leur mort dans son Paradis de la «Terre Pure». Ainsi s'établit la coutume de construire, en cette fin de la période Heian, des jardins à étang au Sud des résidences qui reproduisaient les stéréotypes chinois du «Paradis de l'Ouest». Le Japon suivait peut-être là, avec un certain décalage, une vision qui déjà s'estompait en Chine où les thèmes antérieurs et restés vivants d'une vision cosmique propre à la philosophie taoïste s'exprimèrent dans le jardin du lettré.

Permettre à l'homme, en servant de support à sa méditation, de progresser sur la voie de la recherche spirituelle qui conduit à l'Eveil.

Dans le Japon du XIIᵉ siècle, tandis que les tenants du Paradis d'Amida prônaient la Terre Pure, l'enseignement du Bouddhisme Esotérique des Ecoles Tendai et Shingon développait la notion d'un Eveil obtenu dans le cours de la vie terrestre que reprit le Zen qui, se détachant d'une méditation face à des représentations symboliques du Cosmos (les mandalas), privilégia les pierres comme moyen de parvenir à l'Eveil. La méditation monastique que nous pouvons supposer avoir été exercée dans les monastères *Chan* de Chine recelait l'aspect contemplatif face à la Nature des tout premiers bouddhistes et surtout des maîtres taoïstes. Le lettré, homme séculier par excellence, allait utiliser ce moyen pour s'échapper des contraintes sociales et rechercher l'Eveil aussi bien dans le sens bouddhique du terme que dans celui du Taoïsme.

Suzhou – Jardin de la Promenade Nonchalante.

Faciliter la descente des esprits tutélaires

Concentré des énergies vitales en Chine, la pierre est montagne ou détail de la montagne, le signe exprimant les *veines du dragon* ou la course des nuages. Dans les jardins impériaux elle reste montagne primordiale, le trait d'union du Ciel et de la Terre. Concentré de paysage au Japon, la pierre est le substitut de la montagne supportant les mêmes pouvoirs de réception des esprits tutélaires *(les kami)* descendant vers les hommes afin de les régénérer selon une tradition autochtone antérieure à l'influence de la culture chinoise.

Etre l'image condensée du Japon identifié aux Iles des Immortels de la tradition chinoise

Dans ce rappel émouvant à la sauvegarde d'une identité se manifestaient les règles d'une conduite à suivre. Pendant des siècles, les influences étrangères ne furent jamais assez puissantes en Chine pour ébranler une civilisation extrêmement structurée: au Japon, à toutes les époques certains esprits, particulièrement attentifs, ont redouté l'apport de connaissances étrangères qui risquait d'oblitérer les traditions anciennes.

Provoquer une émotion esthétique par la recréation d'un espace [Japon peuplé de divinités] où puisse être célébré un culte à la beauté

La mise entre crochets du particularisme insulaire rend à ce but ultime la valeur universelle qu'exprimait le premier, définissant l'espace des pierres dressées que nous avons nommé, tant pour la Chine que pour le Japon, *Jardin de Longévité*. Les Chinois ont été les plus anciens et les plus grands maîtres théoriciens de la peinture. Jing Hao, peintre solitaire qui vécut dans la première moitié du Xe siècle, avait laissé un court traité, le *Bifa Ji*, qui constitue, selon Pierre Ryckmans, un des sommets de la littérature esthétique chinoise. Il a été le premier «à déduire un ensemble de conséquences logiques qui permettent de fonder un véritable *système* d'esthétique: le but ultime de la peinture n'est pas la *beauté décorative*, mais la *vérité*. Qu'est-ce que la *vérité*? Elle ne doit pas être confondue avec la *ressemblance formelle*: la ressemblance formelle en effet n'atteint que les apparences des choses, tandis que le propre de la vérité est d'en saisir l'essence.»[26] Par rapport aux *Six Règles de la Peinture* de Xie He (vers 500) Jing Hao ajoutait de nouvelles notions

◁ ▷ Yangzhou – Jardin du Temple dédié à Shi Kefa (Shigongci). Compositions de pierres situées de part et d'autre d'une ouverture circulaire.

Shi Kefa fut fonctionnaire à Yangzhou à la fin des Ming; lorsque les Qing prirent le pouvoir il refusa de se soumettre et tenta de se suicider. Il fut finalement arrêté et exécuté. Son corps ne fut jamais retrouvé mais on lui éleva un tombeau dans lequel ses vêtements furent ensevelis et un temple, le Shigongci, entouré d'un jardin, lui fut dédié.

Pékin, Cité Interdite – Jardin du Palais de la Longévité Tranquille
devant l'entrée du Pavillon de l'Anticipation de la Chance.

«de manière à ne plus envisager la peinture que sous l'angle universel de sa triple essence: spirituelle (le Souffle, le Rythme, la Pensée), naturelle (la scène naturelle), et plastique (le Pinceau, l'Encre». [27] Au Pinceau et à l'Encre les créateurs des Jardins de Longévité ont substitué la Pierre (ou la texture de la Pierre) et sa disposition dans l'Espace.

Composantes du Jardin de Longévité sont les pierres; l'Occident ayant découvert celles du Japon, depuis déjà quelques décades, les avait appréciées pour leur dépouillement alors en correspondance avec un certain rejet du flamboyant et de la surcharge. Le sens des pierres, dans les Jardins de Longévité chinois, est peut-être moins perceptible à cause d'un fourmillement de signes plus complexes à décrypter, aussi sont-elles en général comprises de manière plus anecdotique. Dans la mesure de nos connaissances, nous nous sommes essayés à en dégager la lecture; nous avons également cherché à comprendre les raisons pour lesquelles la Voie des Pierres avait essaimé au Japon et dans nul autre pays en contact avec la Chine.

Innombrable est le Tao: des artistes ont utilisé la Voie des Pierres comme ils utilisèrent la Voie du Pinceau; c'est en suivant la sienne que le dramaturge Zeami s'exprimait sur l'Art, et sa définition s'applique à toutes les Voies capables de transmettre à l'humanité le message d'une Beauté, c'est-à-dire d'une Sagesse, reconnue si fragile.

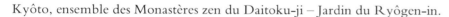

Kyôto, ensemble des Monastères zen du Daitoku-ji – Jardin du Ryôgen-in.

DÉDICACE

Le rétablissement des relations diplomatiques entre la Chine et le Japon fut long et laborieux; à l'instigation de ce dernier, il devait aboutir vers les années soixante-dix. C'est alors que le gouvernement japonais projeta d'offrir une réplique du Tôshôdai-ji que le moine Jianzhen avait édifié à Nara en 759. En 1976, une équipe de spécialistes japonais vint à Yangzhou pour entreprendre les travaux de cette construction dans l'enceinte du temple Daming dont le moine-médecin avait été le Supérieur. C'était l'hommage d'un peuple à l'avant-garde des techniques de pointe qui, loin de renier son passé, n'avait pas oublié que Jianzhen lui avait apporté la prestigieuse culture Tang. Mais plus émouvant encore fut, sans doute, le geste des anonymes dresseurs de pierres qui, une fois leur contrat rempli, allaient devant la porte Ouest du parvis du temple composer quelques pierres à la mémoire du grand maître, rétablissant à leur manière cette communication, faite de conventions, de signes et de codes de lecture, entre deux peuples que rapprochent, comme l'écriture idéographique, les signes que les pierres supportent.

NOTES

1 Shitao, *Les Propos sur la peinture du moine Citrouille-amère*, traduction et commentaire de Pierre Ryckmans, Hermann, Paris 1984, p. 131.

2 *Ibid.*, p. 102.

3 *Ibid.*, p. 107.

4 Léon Hoa, *Reconstruire la Chine, trente ans d'urbanisme, 1949-1979*, Editions du Moniteur, Paris 1981, p. 216.

5 Shitao, *Propos*, p. 69.

6 *Ibid.*, p. 73.

7 *Ibid.*, p. 10.

8 *Ibid.*, p. 23.

9 Chen Congzhou, *On Chinese Gardens*, Tongji University Press, Shanghai 1985, pp. 22, 51.

10 Marcel Granet, *Fêtes et chansons anciennes de la Chine*, Albin Michel, Paris 1982, p. 177.

11 Shen Fu, *Six récits au fil inconstant des jours*, traduit du chinois par Pierre Ryckmans, Christian Bourgeois, Paris 1982, p. 202.

12 *Ibid.*, pp. 197-198.

13 James Francis Cahill, *La peinture chinoise*, Skira, Genève 1977, p. 26.

14 D. et V. Elisseeff, *La civilisation de la Chine classique*, Arthaud, Paris 1981, pp. 252-253.

15 Cahill, *La peinture chinoise*, p. 26.

16 Pierre Seghers, *Sagesse et poésie chinoise*, traduction de Marie-Thérèse Lambert, Robert Laffont, Paris 1981, p. 36.

17 Hubert Damisch, *Théorie du nuage, pour une histoire de la peinture*, Seuil, Paris 1972, pp. 279-280.

18 Shitao, *Propos*, Annexe V, p. 217.

19 Shitao, *Propos*, p. 101.

20 Shen Fu, *Six récits*, p. 142.

21 Joseph Needham, *La science chinoise et l'Occident*, Seuil, Paris 1973, p. 109.

22 Fritjof Capra, *Le Tao de la physique*, Tchou, Paris 1979, p. 246.

23 Professeur Narimitsu Matsudaïra, *Le rituel des prémices au Japon* in «Bulletin de la Maison Franco-Japonaise», nouvelle série, tome IV, Nº 2, 1955, Tokyo 1957.

24 Pierre et Susanne Rambach, *Sakutei-ki ou Le Livre secret des Jardins japonais, version intégrale d'un manuscrit inédit de la fin du XIIᵉ siècle*, Skira, Genève 1973, p. 138.

25 Zeami, *La tradition secrète du Nô*, traduction de René Sieffert, Gallimard, Paris 1960, p. 98.

26 Shitao, *Propos*, p. 229.

27 *Ibid.*, p. 227.

LISTE DES JARDINS
BIBLIOGRAPHIE
TABLE DES ILLUSTRATIONS
INDEX

LISTE DES JARDINS
CONTENANT LES COMPOSITIONS DE PIERRES REPRODUITES

CHINE

Pékin

CITÉ INTERDITE

– JARDIN DU PALAIS DE LA LONGÉVITÉ TRAN-QUILLE: NINGSHOUGONG (Palace of Tranquil Longevity), situé dans l'angle Nord-Est de la Cité Interdite. Le Palais fut construit une première fois en 1689 puis réaménagé de 1772 à 1776 par l'empereur Qianlong qui souhaitait pouvoir s'y retirer après son abdication. En cours de restauration, ces jardins n'étaient pas encore ouverts au public en 1985.

– JARDIN IMPÉRIAL: YUHUAYUAN (Imperial Garden), situé au centre de la partie Nord de la Cité Interdite. Ce jardin fut tracé sous les Ming et certains arbres dateraient de cette période.

– COUR DU PALAIS DU CIEL EN HÉRITAGE: XUANQIONG (Palace of Inheriting Heaven).

PARC ZHONGSHAN: Cet endroit était jadis occupé par le Temple de la Renaissance du Pays (XINGGUOSI). En 1421, un empereur des Ming y aménagea l'Autel du Sol et des Moissons (SHEJITAN). Dès 1914 il devint jardin public. En 1928, il prit le nom de Parc Zhongshan, en mémoire du Docteur Sun Yat-sen (connu des Chinois sous le nom de Sun Zhongshan). On y remit alors plusieurs pavillons et compositions de pierres provenant d'autres jardins (notamment du Yuanmingyuan).

PARC DU BEIHAI

– JARDIN DE L'ERMITAGE DU CŒUR TRAN-QUILLE: JINGXINZHAI (Serenity Study), situé sur la rive Nord du Beihai (la mer du Nord). Il fut construit en 1757 au cours du règne de l'empereur Qianlong. Les jardins, remis en état, sont aujourd'hui ouverts au public, à l'exception de la partie Sud-Ouest.

– JARDIN DE LA RETRAITE DE LA BARQUE PEINTE: HUAFANGZHAI, situé sur la rive orientale du Beihai, au Nord du BASSIN DE LA FORÊT SOUS LA PLUIE PRINTANIÈRE. L'ensemble, en cours de restauration, est fermé au public.

JARDIN DE L'HÔTEL QIAOYUAN: Une unité de production agricole dans la partie Sud de Pékin, après s'être recònvertie dans l'hôtellerie, fit élever cette falaise artificielle en 1984 au centre d'un complexe immobilier.

AVENUE CHANG'AN, la grande artère Est-Ouest de Pékin: Les rochers et les compositions de pierres sont les compléments habituels des alignements de bancs et des plantations d'arbres des contre-allées des larges avenues de la capitale.

PALAIS D'ÉTÉ: YIHEYUAN, au Nord-Ouest de Pékin. Le 18 octobre 1860, un détachement de troupes britanniques, complétant l'entreprise dévastatrice des Français, s'attaque aux constructions impériales élevées sur les bords du lac Kunming creusé par Qubilai et quelques-uns de ses descendants. En l'espace de deux jours, les deux tiers des 3000 bâtiments furent anéantis par les flammes. Après le pillage ne subsistèrent guère que les rochers, personne n'ayant cru bon d'instruire les destructeurs de leur inestimable valeur.

Suzhou

JARDIN DU BOSQUET DU LION: SHIZILIN (Lion Grove). Créé en 1342, à la fin des Yuan, par le supérieur d'un monastère bouddhiste. Ce jardin est mentionné au XVIIIe siècle par Shen Fu qui y reproche une trop grande accumulation de pierres du lac Tai. Son dernier propriétaire fut la famille du célèbre architecte I. M. Pei qui l'offrit à la ville en 1949.

JARDIN DE L'HARMONIE: YIYUAN (Garden of Harmony, Garden of Ease ou Joyous Garden). Le plus récent jardin de Suzhou (1875) sur l'emplacement d'un jardin Ming. On y trouve des pierres du lac Tai provenant de trois jardins anciens.

JARDIN D'UN HÔTEL, moderne.

JARDIN DU MAÎTRE DES FILETS DE PÊCHE: WANGSHIYUAN (Fisherman's Garden ou Garden of the Master of the Fishing Nets). Début de la construction en 1440 par un lettré de Yangzhou, laissé à l'abandon pendant trois siècles, reconstruit en 1770 et restauré en 1940.

JARDIN DE L'OUEST: XIYUAN, ainsi nommé car étant à l'origine la partie Ouest du JARDIN DE LA PROME-NADE NONCHALANTE, donnée à un monastère bouddhiste.

JARDIN DU PAVILLON DE LA VAGUE: CANG-LANGTING (Green Wave Pavilion), créé en 1044, détruit et reconstruit un grand nombre de fois. La dernière reconstruction date de 1927.

JARDIN DE LA POLITIQUE DES SIMPLES: ZHUO-ZHENGYUAN (Garden of the Stupid Official ou Humble Administrator's Garden). C'était à l'origine le jardin d'un lettré confucianiste de la dynastie des Tang; il fut, sous les Yuan, converti en jardin de monastère, puis reconstruit sous les Ming par un lettré. C'est le plus grand des anciens jardins de Suzhou (4 ha, les ⅗ occupés par des pièces d'eau).

JARDIN DE LA PROMENADE NONCHALANTE: LIUYUAN (Garden to Linger in), époque Ming.

Yangzhou

JARDIN DE L'ERMITAGE OÙ L'ON PEUT POUSSER SON CRI: JIXIAO SHANZHUANG (Resounding Roars Mountain Villa). «Pousser son cri» est une allusion à une ancienne pratique des ermites taoïstes. Le jardin, appelé également HEYUAN, fut créé sous la dynastie des Qing.

JARDIN ISOLÉ: GEYUAN (Isolated Garden). Créé au milieu de la dynastie des Qing, ce jardin comprend de remarquables compositions de pierres des quatre saisons.

JARDIN DE L'OUEST: XIYUAN, DU TEMPLE DE LA GRANDE LUMIÈRE: DAMING SI (Great Bright Temple). La fondation du temple remonte à l'époque Tang. Le jardin de l'Ouest fut réaménagé en 1751 à l'occasion de la visite à Yangzhou de l'empereur Qianlong.

JARDIN DE LA PETITE VALLÉE SERPENTINE: XIAOPANGU (Small Winding Valley). Actuellement maison de repos pour cadres, fermé au public. L'empereur Qianlong ayant admiré la très belle falaise artificielle qui surplombe le bassin aurait demandé à son auteur de le suivre à Pékin pour y édifier les jardins de son Palais de la Longévité Tranquille de la Cité Interdite.

JARDIN DU TEMPLE DÉDIÉ À SHI KEFA: SHI-GONGCI (Shi Kefa Memorial Temple). Shi Kefa est un héros national: fonctionnaire à Yangzhou à la fin des Ming, il tenta de se suicider à la prise de pouvoir des Qing. Arrêté et exécuté, on ne retrouva jamais son corps, mais on lui construisit un temple et un tombeau où sont ensevelis ses vêtements. Le temple est aujourd'hui aménagé en musée.

Wuxi

JARDIN DES PRUNIERS: MEIYUAN (Plum Garden), à l'Ouest de la ville. Modeste jardin sous les Qing, il fut agrandi en 1912, puis réaménagé après 1949. On y trouve un monolithe destiné à orner les jardins impériaux des Song du Nord qui ne parvint jamais jusqu'à leur capitale de Kaifeng et fut abandonné à Wuxi, non loin de son lieu d'origine, le lac Tai.

JAPON
Sauf mention contraire, les jardins sont à Kyôto.

JARDIN DU DAISEN-IN, l'un des monastères Zen du DAITOKU-JI. Ce jardin sec (kare san sui), édifié en 1509 par le fondateur, Kogaku Sotan, est parfois attribué au peintre Sôami; il fut restauré d'après des plans anciens en 1961.

JARDIN DU GINKAKU-JI: TEMPLE DU PAVILLON D'ARGENT, nom donné au JISHO-IN, résidence et jardin construits entre 1483 et 1489 par Yoshimasa.

JARDIN DU HÔJÔ DU DAITOKU-JI. Le DAITOKU-JI est un ensemble de 24 monastères Zen de l'Ecole Rinzai, fondé en 1319 au Nord de Kyôto. Le Hôjô est la résidence du Supérieur, le centre administratif.

JARDIN DE LA VILLA IMPÉRIALE DE KATSURA: résidence, jardin et pavillons de thé construits en trois étapes de 1615 à 1660 par le Prince impérial Toshihito (1579-1629) et son fils Toshitada (1619-1662) au Sud-Ouest de Kyôto.

JARDIN DU KINKAKU-JI: TEMPLE DU PAVILLON D'OR, nom donné au ROKUON-JI, jardin dont l'origine remonte à la période Heian. Le Pavillon d'Or, incendié volontairement par un moine Zen en 1950, fut reconstruit l'année suivante.

JARDIN DU CHÂTEAU DE KISHIWADA, préfecture d'Osaka. Jardin moderne créé par Mirei Shigemori dans l'enceinte du château féodal.

JARDIN DU KOKEDERA: TEMPLE DES MOUSSES, nom donné au SAIHÔ-JI. Le jardin remonte à la période Heian. Le temple fut construit en 1339 par Musô Kokushi à qui sont attribuées les compositions de pierres, considérées comme les plus anciennes d'inspiration Zen.

JARDIN KOKEI, site célèbre de Chine. Nom du jardin situé devant la salle de lecture d'Hideyoshi dans son château de Fushimi et transféré en 1630 dans l'enceinte du monastère Zen du NISHI HONGAN-JI, attribué à Shimanosuke Asagiri.

JARDIN DU RYÔAN-JI, un des plus célèbres jardins Zen de Kyôto, composé de quinze pierres, de date incertaine et d'auteur inconnu.

JARDIN DU RYÔGEN-IN, appelé RYÔGINTEI, composition de pierres sur un lit de mousses, attribué au peintre Sôami (1502).

JARDIN DU SAMBÔ-IN, situé non loin de la ville d'Uji, au Sud de Kyôto et faisant partie du temple de DAIGO-JI. La construction du jardin débuta sur ordre d'Hideyoshi en 1598.

JARDIN D'ENTRÉE DU MONASTÈRE DU SÔ-JI-IN, l'un des nombreux monastères du KÔYASAN, le centre de l'Ecole de Bouddhisme Esotérique Shingon situé au sommet du Mont Koya, à 100 km au Sud de Kyôto.

JARDIN DU TAIZO-IN, monastère Zen construit en 1404 dans l'enceinte du MYÔSHIN-JI. Le jardin est attribué au peintre Kanô Motonobu (1476-1559).

JARDIN DE L'HÔTEL DE VILLE DE TAKAMATSU, dans l'île de Shikoku, œuvre de l'architecte Kenzô Tange.

JARDIN DU TENRYÛ-JI: TEMPLE DU DRAGON CÉLESTE, monastère Zen de la secte Rinzai fondé en 1342 par Musô Kokushi à l'Ouest de Kyôto.

JARDIN DU TÔFUKU-JI, temple et monastère Zen au Sud de Kyôto, fondé en 1236, quartier général de la secte Rinzai. Les jardins ont été créés en 1938-1939 par Mirei Shigemori.

JARDIN DU ZUIHO-IN, dans l'enceinte du DAITOKU-JI. Il s'agit d'un jardin moderne créé par Mirei Shigemori devant un pavillon pour la cérémonie du thé en 1961.

BIBLIOGRAPHIE

AN CHUNYANG, *Suzhou, a Garden City*, Foreign Languages Press, Pékin 1984.

CHEN CONGZHOU, *The Gardens of Yangzhou* (en chinois), Tongji University Press, Shanghai 1983.
- *On Chinese Gardens*, recueil de 5 conférences (en anglais et en chinois), Tongji University Press, Shanghai 1985.

Choice Paintings of the Palace Museum, Reader's Digest Association Asia Limited, Hong Kong 1981.

CAHILL James Francis, *La peinture chinoise*, Skira, Genève 1960, 2e édition 1977.
- *Hills beyond a River: Chinese Painting of the Yuan Dynasty 1279-1368*, New York 1976.
- *Parting at the Shore: Chinese Painting of the Early and Middle Ming Dynasty 1368-1580*, New York 1979.

CAILLOIS Roger, *L'écriture des pierres*, Skira, Genève 1970.

CAPRA Fritjof, *Le Tao de la physique*, Tchou, Paris 1979.

DAMISCH Hubert, *Théorie du nuage, pour une histoire de la peinture*, Seuil, Paris 1972.

DORÉ Père Henry, S. J., *Manuel des superstitions chinoises*, Centre de Publication de l'Université d'Enseignement et de Recherche Extrême-Orient–Asie du Sud-Est de l'Université de Paris, Paris–Hong Kong 1970.

ELISSEEFF D. et V., *La civilisation de la Chine classique*, Arthaud, Paris 1981.

ENNIN, *Journal d'un voyageur en Chine au IXe siècle*, Albin Michel, Paris 1961.

GERNET Jacques, *Le Monde chinois*, Armand Colin, Paris 1972.

GRANET Marcel, *Fêtes et chansons anciennes de la Chine*, Albin Michel, Paris 1982.

HAY John, *Kernels of Energy, Bones of Earth. The Rock in Chinese Art*, catalogue de l'exposition de la China House Gallery, China Institute in America, New York, octobre 1985 - janvier 1986.

HOA Léon, *Reconstruire la Chine, trente ans d'urbanisme, 1949-1979*, Editions du Moniteur, Paris 1981.

KAWABATA Yasunari, *Tristesse et beauté*, Albin Michel, Paris 1985.

KESWICK Maggie, *The Chinese Garden. History, Art and Architecture*, Academy Editions, Londres 1978-1980.

LIU TUN-CHEN, *Suzhou Ku Tien Yüan Lin* (en chinois), Chinese Building Industry Press, Pékin 1979.

MATSUDAÏRA Narimitsu, *Le rituel des prémices au Japon* in «Bulletin de la Maison Franco-Japonaise», nouvelle série, tome IV, No 2, 1955, Tokyo 1957.

MORRIS Edwin T., *The Gardens of China. History, Art and Meaning*, Charles Scribner's Sons, New York 1983.

MURCK A. et FONG W., *A Chinese Garden Court: the Astor Court at the Metropolitan Museum of Art, New York*, the Metropolitan Museum of Art, New York 1980.

NAGEL, encyclopédie de voyage, *Chine*, Nagel, Genève 1984.

NEEDHAM Joseph, *La science chinoise et l'Occident*, Seuil, Paris 1973.

Pierres de rêve, catalogue de la Galerie Janette Ostier, Paris 1979.

Procédés secrets du Joyau Magique, traité d'Alchimie Taoïste du XIe siècle, présentation et traduction du chinois par Farzeen Baldrian-Hussein, Les deux Océans, Paris 1984.

RAMBACH Pierre et Susanne, *Sakutei-ki ou Le Livre secret des Jardins japonais, version intégrale d'un manuscrit inédit de la fin du XIIe siècle*, Skira, Genève 1973.

RYJIK Kyril, *L'Idiot chinois*, Payot, Paris 1980.

SCHNEEBERGER Pierre-Francis, *Le Dragon*, Edition des Collections Baur, Genève 1969.

SEGHERS Pierre, *Sagesse et poésie chinoise*, Robert Laffont, Paris 1981.

SEGALEN Victor, *Briques et tuiles*, Fata Morgana, Paris 1975 et 1980.

SHEN FU, *Six récits au fil inconstant des jours*, traduit du chinois par Pierre Ryckmans, Christian Bourgeois, Paris 1982.

SHITAO, *Les Propos sur la peinture du moine Citrouille-amère*, traduction et commentaire de Pierre Ryckmans, Hermann, Paris 1984.

SIREN Osvald, *Gardens of China*, The Ronald Press Company, New York 1943-1949.

SKINNER Stephen, *The Living Earth Manual of Feng-Shui Chinese Geomancy*, Routledge & Kegan Paul, Londres 1982, 1984.

VAN LIER Henri, *L'animal signé*, Albert de Visscher, Rhode-Saint-Genese 1980.

WANG GAI, *Manuel de peinture du jardin pas plus gros qu'un grain de moutarde (1679-1701)* (fac-similé en anglais), Princeton University Press, Princeton 1977.

YU ZHUOYUN, *Palaces of the Forbidden City*, The Viking Press, New York 1984.

ZEAMI, *La tradition secrète du Nô*, traduction de René Sieffert, Gallimard, Paris 1960.

TABLE DES ILLUSTRATIONS

Sauf mention contraire, les photographies de Jardins ont toutes été réalisées par les auteurs de 1960 à 1985.

CHINE

JAPON

Sauf mention contraire, les jardins sont à Kyôto.

PEINTURES

221

LIVRES CHINOIS

LIVRES JAPONAIS

OBJETS

SCULPTURES

INDEX

Les auteurs ont choisi pour les noms chinois le système de transcription *pinyin*,
écriture alphabétique adoptée par la République populaire de Chine.

bâtiments et les personnages dans le style de Qiu Ying et pour les paysages dans celui de Shen Zhou   102, 105.

Wu, nom ancien de la région qui s'étend au Sud du cours inférieur du Fleuve Bleu (Jiangzi)   17.

Xia, dynastie chinoise. C'est à la fin de la période néolithique, vers 2200-1800, que les annales traditionnelles placent la première dynastie de l'histoire de Chine, celle des Xia, fondée par le héros mythique Yu le Grand qui serait venu à bout d'un déluge   66.

Xiaopangu, Jardin de la Petite Vallée Serpentine, voir liste des jardins de Yangzhou   16, 74, 76, 77, 88, 101, 125, 186.

Xie He (vers 500), peintre et théoricien, auteur du plus ancien traité de la peinture qui nous soit parvenu en entier   206.

Xiyuan, Jardin de l'Ouest, voir liste des jardins de Suzhou   34, 107, 144.

Xuanqiong, Cour du Palais du Ciel en héritage, voir liste des jardins de Pékin   38, 126, 140, 142.

Xunzi (315-236), philosophe confucianiste convaincu du caractère fondamentalement mauvais de la nature. Pour cela considéré comme à l'origine de l'Ecole des Légistes   80.

Yamato, grande plaine de la région de Kyôto-Nara, foyer de la civilisation japonaise   156.

Yiheyuan, Palais d'Eté, voir liste des jardins de Pékin   18, 30, 36, 42, 66/68, 70/72, 130, 143, 146, 148.

Yin et *Yang*, principes contradictoires et complémentaires de l'équilibre de l'Univers selon la pensée chinoise   21, 25, 30, 33, 35, 36, 39, 45, 46, 50, 51, 55, 64, 99, 108, 113, 119, 166, 181.

Yingzhou, une des trois Iles mythiques des Immortels situées dans le golfe de Bohai   140.

Yiyuan, Jardin de l'Harmonie, voir liste des jardins de Suzhou   99, 139, 157.

You Qiu, des Ming, vécut au XVIᵉ siècle. Gendre du peintre Qiu Ying, il est considéré comme un bon peintre de personnages, mais assez conservateur   83.

Yuan (1276-1368), dynastie chinoise succédant à celle des Song et précédant celle des Ming. C'est la première dynastie étrangère (mongole). Capitale Pékin   175, 189.

Yuan Jiang, peintre des Qing   84.

Yuhuayuan, Jardin impérial, voir liste des jardins de Pékin   21, 37/40, 98, 107, 136, 146.

Yu Jian, des Song du Sud. Il ne fait pas de doute qu'au début de l'époque Yuan, pour fuir la domination mandchoue, des moines Chan, continuateurs de la tradition Song, cherchèrent refuge au Japon; ils y apportèrent un style de peinture typiquement chinois. Il n'y a pas moins de quatre peintres de la fin des Song et du début des Yuan à porter le nom de Yu Jian. Il s'agit soit de Yu Jian Ruo Fen, moine bouddhiste de la secte Tiantai (en japonais Tendai), soit de Ying

Yu Jian, moine de la secte Chan. «Plutôt que de dire que l'art de la fin des Song prit naissance sous l'influence du bouddhisme Chan, ne vaudrait-il pas mieux juger la peinture Chan comme une preuve de la complète acceptation de l'esthétique chinoise par la dernière – et la moins indienne – secte bouddhique apparue en Chine?» (Max Loehr)   172.

Yu le Grand, successeur des cinq souverains mythiques, dynastie des Xia   59, 66.

Yunnan, province bordée au Nord par le Tibet et le Sichuan, à l'Est par le Guizhou et le Guangxi, au Sud par le Vietnam et le Laos, à l'Ouest par la Birmanie   27.

Zeami (1365-1443), acteur et dramaturge japonais. Auteur du traité secret du théâtre Nô, voir bibliographie   204.

Zhang Ruoai, des Qing (1713-1746) de Tongcheng dans l'Anhui, était le fils de Zhang Tingyu, célèbre peintre de l'époque Qing   92.

Zhan Ziqian (551-604), peintre des Sui ou du début des Tang, considéré comme le premier paysagiste «réaliste»   61.

Zhongshan, Parc (Mémorial de Sun Yat-sen), voir liste des jardins de Pékin   40, 121, 122, 142, 151.

Zhou, troisième et dernière dynastie royale chinoise, après celle des Xia encore légendaire. Il y eut ensuite les Zhou du Nord (557-581) et les Zhou postérieurs (951-960), juste avant l'avènement des Song   80.

Zhou Chen, des Ming (1450-1535), né à Suzhou. A l'époque des Mandchous, tourné vers le passé, il fut le continuateur de la peinture des maîtres Song   122, 128.

Zhou Wenju, peintre des Tang du Sud   116.

Zhuangzi (vers 350-270 av. J.-C.). L'un des plus grands philosophes de l'Ecole taoïste, auteur du «Zhuangzi». Selon lui, le seul salut possible est le retour à un âge primitif où l'homme vivait en parfaite harmonie avec lui-même et la nature. Il s'agit de parvenir, par le dépouillement intérieur, à retrouver en soi le mouvement universel du *Tao*, de s'y fondre au point de perdre toute conscience individuelle. Dès lors, disent les Taoïstes, le corps devient léger, peut voler avec le vent, se nourrir de rosée et vivre des milliers d'années. Zhuangzi est reconnu comme le plus grand écrivain de l'antiquité chinoise   82.

Zhuozhengyuan, Jardin de la Politique des Simples, voir liste des jardins de Suzhou   24.

Zong Bing (375-443), originaire de Nanyang au Henan, il refusa tout poste officiel malgré ses succès aux examens et préféra mener, avec son épouse qui partageait ses goûts, une vie de bohème consacrée aux arts. Il fut avec Wang Wei l'ancien (415-443) l'un des premiers grands théoriciens de la peinture chinoise, mais ses œuvres sont perdues   118, 119.

Zuiho-in, voir liste des jardins de Kyôto   10, 11, 157.

REMERCIEMENTS DES AUTEURS

Les auteurs tiennent à témoigner leur gratitude à tous ceux qui les ont aidés à la réalisation de cet ouvrage, en premier lieu à M. Jurg PFRÜNDER qui, en les accompagnant en Chine, leur fit profiter de ses profondes connaissances de la langue, de la culture et de la société chinoises, et à M. Georges GOORMAGHTIGH, chargé d'enseignement à l'Université de Genève, Faculté des lettres, qui accepta de relire leur manuscrit et leur apporta de nombreuses informations tant sur les peintures que sur les gravures reproduites.

Leurs remerciements s'adressent également à:

M. CHEN CONGZHOU, professeur d'architecture à l'Université Tongji de Shanghai, un des plus éminents spécialistes des jardins chinois, qui les reçut à Shanghai; M. Dominique DREYER, attaché auprès de l'Ambassade de Suisse à Pékin, qui ne ménagea pas ses efforts pour faciliter les démarches; M. Frank DUNAND, conservateur des Collections Baur de Genève, qui leur permit de publier deux pièces rares; M. MA CHENGYUAN, conservateur en chef du Musée de Shanghai, qui leur fournit les clichés des peintures qu'ils désiraient; M. Renaud NEUBAUER, de l'Institut des Etudes Orientales de Genève, pour certaines traductions; Mmes Janette OSTIER et Nelly DELAY, de Paris, qui leur communiquèrent des documents de leurs collections; M. Pierre RYCKMANS, l'éminent sinologue, qui les autorisa à citer de larges extraits de sa traduction et commentaires des «Propos sur la Peinture» de Shitao; M. Pierre-Francis SCHNEEBERGER, ancien conservateur des Collections Baur de Genève, pour sa permission de publier son texte sur les dragons; M. Jean-Marie SIMONET, Directeur scientifique de l'Institut Belge des Hautes Etudes Chinoises, qui les autorisa à citer un passage d'une de ses conférences; M. WANG JINFU, conservateur adjoint du Musée de l'Ancien Palais Impérial de Pékin, qui les autorisa à photographier des Jardins de la Cité Interdite encore fermés au public et leur communiqua de rares clichés de peintures; sans oublier les collaborateurs des Editions d'Art Albert Skira.

Cet ouvrage a été réalisé sous la direction de
Lauro Venturi

Avec la collaboration de :

Michèle Psalty
pour la documentation

Claude Gaume-Mello
pour la rédaction

Jacques Wunderli
pour la fabrication

Photogravure, composition et impression
IRL Imprimeries Réunies Lausanne S.A.
Reliure Mayer et Soutter S.A., Renens/Lausanne